Kuno Fischer

Entstehung und Idee des goetheschen Faust

Verlag
der
Wissenschaften

Kuno Fischer

Entstehung und Idee des goetheschen Faust

ISBN/EAN: 9783957008190

Auflage: 1

Erscheinungsjahr: 2016

Erscheinungsort: Norderstedt, Deutschland

Hergestellt in Europa, USA, Kanada, Australien, Japan
Verlag der Wissenschaften in Hansebooks GmbH, Norderstedt

Goethe-Schriften

von

Kuno Fischer.

7.

Goethes Faust.

Von

Kuno Fischer.

Fünfte Auflage.

Zweiter Band.
Entstehung, Idee und Composition des goetheschen Faust.

Heidelberg.
Carl Winter's Universitätsbuchhandlung.

Inhalt.

Zweiter Band. Entstehung, Idee und Composition des goetheschen Faust.

Erstes Capitel.
Die Entstehung des goetheschen Faust.

Seite

I. Die Vorgeschichte der Dichtung 9
II. Der Ursprung der Faustdichtung 14
   1. Die straßburger Zeit 14
   2. Frankfurt und Wetzlar 20
   3. Weimar (1775—1786) 37
   4. Die italienische Reise (1786—1788) 45

Zweites Capitel.
Die alte Dichtung. Der Urfaust und das Fragment.

I. Der Urfaust 53
II. Das Fragment 59
III. Der Urfaust und die Ausgaben des Faust . . . 61
   1. Der Urfaust und das Fragment 61
   2. Vergleichung beider mit dem ersten Theil . 63

Drittes Capitel.

Die neue Dichtung. Die Fausttragödie. Der erste Theil.

	Seite
I. Die Wiederaufnahme des Gedichtes	67
1. Die Einwirkung Schillers	67
2. Die Epoche der Erneuerung	72
3. Die Schwierigkeit der Composition	81
II. Die Vollendung des ersten Theiles	84
1. Die rhapsodische Fortbildung	84
2. Die Ausfüllung der großen Lücke	88
3. Das Ergebniß	91

Viertes Capitel.

Beurtheilung und Darstellung des Werkes.

I. Erste Aufnahme und Urtheile	93
II. Die Darstellung	103
1. Cornelius' Zeichnungen	103
2. Radziwills Composition und Aufführung	104
3. Die öffentlichen Aufführungen	110

Fünftes Capitel.

Die Vollendung des Werkes. Der zweite Theil.

I. Anfänge und Wiederaufnahme	117
1. Eckermanns Einwirkung	117
2. Die Neugestaltung der Helena. Die Schlußscenen	122

	Seite
II. Die Ausbildung des zweiten Theiles	126
1. Die Helena als Zwischenspiel	126
2. Ein Bruchstück des ersten Actes	131
3. Die drei ersten Acte	133
4. Die beiden letzten Acte	136
III. Die Aufführung	142

Sechstes Capitel.

Die Bestandtheile des Werkes.

I. Die alte und die neue Dichtung	146
1. Die kritische Frage	146
2. Die Angaben Goethes	147
3. Das Zeugniß der Dichtung	151
II. Die Zueignung und das Vorspiel	153
1. Die Zueignung	153
2. Das Vorspiel	156
III. Der neue Faustmythus	160
1. Die Idee der Rettung	160
2. Das Thema des Prologs	167

Siebentes Capitel.

Der Plan der Rettung nach Goethes neuer Dichtung.

I. Das Schlußwort des Vorspiels	179
II. Die Idee der Rettung nach dem Prologe	183

Achtes Capitel.
Die Vergleichung der beiden Dichtungen.

	Seite
I. Der Prolog und die alte Dichtung	196
II. Die alte Dichtung, verglichen mit der neuen . .	197
III. Die neue Dichtung, verglichen mit der alten . .	205

Neuntes Capitel.
Die Grundidee der alten Dichtung.

I. Die fordernde Epoche	214
II. Urnatur gegen Unnatur	221
1. Fausts Monolog	221
2. Faust und der Erdgeist	227
3. Faust und der Famulus	233

Zehntes Capitel.
Goethes Fausttragödie.

I. Das Endziel der alten Dichtung	238
1. Wunsch und Erfüllung	240
2. Mephistopheles als der Gefährte	244
3. Der Teufel in der alten Dichtung	250
II. Die Sendung des Erdgeistes	257
1. Der Osterspaziergang	257
2. Die Erscheinung des Dämons	264
3. Die Beschwörung	265
III. Die Einheit der Fausttragödie	266

Erstes Capitel.

Die Entstehung des goetheschen Faust.

I. Die Vorgeschichte der Dichtung.

Vergleicht man den Entwickelungsgang der Faustsage mit dem des goetheschen Faust, so wird man von dem Eindruck einer Uebereinstimmung getroffen, die uns erkennen läßt, wie tief diese Dichtung in dem Genius Goethes angelegt und gleichsam prädestinirt war. Die Entstehung unseres Werkes, in dem sich die Faustsage zum Weltgedicht entfalten sollte, hat im Leben Goethes auch ihre Vorgeschichte: er hat die Elemente zu seiner Dichtung erlebt, bevor er in sich selbst die Gemüthsbewegungen und Stimmungen erfuhr, die sich im Magus der Volkssage spiegeln.

Die alte Sagengestalt des Faust in ihren beiden volksthümlichen Formen, wie sie im Jahrmarktsbuche und im Puppenspiele erscheint, gehört unter seine frühesten Erinnerungen. Unver=

geßlich ist ihm das letzte Weihnachtsgeschenk seiner
Großmutter geblieben, womit dem vierjährigen
Kinde eine ungeahndete Zauberwelt aufging: es
war ein Puppentheater, auf dem unter anderen
Stücken vielleicht auch das Puppenspiel vom Faust
ihm vorgeführt wurde. Noch hatte er die Grenze
des Knabenalters nicht überschritten, als er unter
abenteuerlichen Genossen, deren Umgang seine
Phantasie gelockt, zum ersten male das Glück und
den Schmerz der Liebe mit leidenschaftlicher Ge=
walt erfuhr. Es war Goethes erstes Liebesgedicht,
das nur Thränen fand, noch keine Worte: die
Leidenschaft des fünfzehnjährigen Knaben für ein
älteres Mädchen niederen Standes, das frank=
furter Gretchen, deren Andenken er in der Gret=
chentragödie seines Faust verklärt hat. Sie war
unter jenen Geistern der Vergangenheit, die dem
Dichter vorschwebten, als ihm auf seiner Lebens=
höhe die Macht der Jugenderinnerungen wie mit
Zaubergewalt die Zueignung seines Faust eingab.

Ich sehe nicht, mit welchem Recht man das
frankfurter Gretchen in „Dichtung und Wahrheit"
für eine bloße Dichtung erklärt hat. In den phanta=
sievollen und abenteuerlichen Erlebnissen, welche

Goethe so ausführlich schildert, treten uns Bilder entgegen, die sich in seinem Faust wiederfinden: Gretchen in der Kirche, Gretchen am Spinnrade! Oder will man annehmen, daß diese Scenen in Dichtung und Wahrheit erst dem Faust nachgebildet sind? Ich glaube dem Worte der Zueignung: „Gleich einer alten halbverklungnen Sage kommt erste Lieb' und Freundschaft mit herauf!"

Auf die erste Jugendzeit in der Vaterstadt folgen die akademischen Jahre in Leipzig. Das Jünglingsalter beginnt, mit ihm die Laufbahn des Dichters, deren Erstlinge nicht höher reichen, als „die Laune des Verliebten", „die Mitschuldigen", das leipziger Liederbuch. „Da sind sie nun! da habt ihr sie! die Lieder ohne Rast und Müh', am Rand des Bachs entsprungen!" Es sind anmuthige, leichte Poesien, nach dem Geschmack und Zuschnitt der Mode, etwas gekräuselt nach Art der Rococograzie, die an die Schäfer von der Pleiße erinnert. Sein Ideal ist Wielands Musarion, seine Liebe die hübsche Wirthstochter Käthchen Schönkopf, deren Zuneigung er gewinnt und durch seine Eifersucht verliert. Es ist nicht das Feuer der Liebe, nur „die Laune des Ver=

liebten!" Diese Zeit hat nichts Faustisches. Was aus den leipziger Erlebnissen in den Faust übergegangen, ist die Erinnerung an das Bild in Auerbachs Keller und der Verdruß über die langweilige Zunftgelehrsamkeit in den leipziger Hörsälen. In einem Schema zu Dichtung und Wahrheit, welches Goethe wohl im April 1811 dictirt hat, wird der Schüler im Faust in Zusammenhang mit der straßburger Zeit gebracht.[1]

In erkranktem Zustande, herbeigeführt durch einen Unfall, verschlimmert durch mancherlei Unvorsichtigkeit und ausschweifende Schuld, kehrte Goethe in seine Vaterstadt zurück. Seine Stimmung ist gedrückt, schwermüthig, mit Todesgedanken erfüllt. Er vertieft sich in religiöse Gedanken mystischer Art und lebt ganz unter dem Einfluß seiner mütterlichen Freundin, die in den frommen Kreisen des damaligen Frankfurt einen Mittelpunkt bildete, und deren wahrhaft religiöse

---

[1] In den „Mitschuldigen" findet sich eine Stelle, die aus der Erinnerung an das Volksschauspiel stammt. In III. 6 sagt Söller: „O weh! O wie mir Armen graust, es wird mir siedend heiß. So war's dem Doctor Faust nicht halb zu Muth!" — O. Pniower: Goethes Faust. Zeugnisse und Excurse zu seiner Entstehungsgeschichte. Berlin 1899. Nr. 4, S. 3 flg.

Natur dem Dichter stets gegenwärtig blieb: Susanna Katharina von Klettenberg; sie war sein Vorbild in den „Bekenntnissen einer schönen Seele".

Die mystische Richtung führte ihn zur **magischen**. Auch in dem klettenbergschen Kreise waren beide eng miteinander verknüpft. Von einem befreundeten Arzte, einem Anhänger der magischen Heilkunde, glaubt sich Goethe durch ein Geheimmittel gerettet, er studirt jetzt die Schriften des Paracelsus, des van Helmont, namentlich Wellings «Opus magocabbalisticum», die «Aurea catena Homeri» und experimentirt in seiner Mansarde mit Windöfchen und Glaskolben, um liquor silicum zu bereiten. So wird ihm die magische Vorstellungsweise geläufig. Ohne an eine Faustdichtung zu denken, nähert er sich schon auf selbsterlebtem Wege dem Magus der Volkssage.[1]

---

[1] Vgl. Herm. Kopp, Beiträge zur Geschichte der Chemie, (1880) S. 2 flg., S. 18, S. 34 flg., S. 49 flg. Hier ist nachgewiesen, daß der Verfasser der Aurea catena Homeri im Anfang des vorigen Jahrhunderts der Oesterreicher Anton Joseph Kirchweger war.

II. Der Ursprung der Faustdichtung.
1. Die straßburger Zeit.

Die Zeit des Durchbruches naht, die aus dem Talent das Genie entfaltet. Diese kurze, bedeutungsvolle, glückliche Epoche voller Kraft und Zukunft erlebt Goethe in Straßburg, gerade ein Jahrhundert, bevor Deutschland die geraubte Stadt sich zurückerobert hat. Hier in der deutschen Stadt unter französischer Herrschaft wird er deutsch, wird er der Dichter, der er ist. Das enge, abgezirkelte Wesen, das er sich in Leipzig angewöhnt hatte, fällt von ihm ab; an Frankreichs Grenze wird er mit einem male alles französischen Wesens baar und ledig.

Die Bedeutung dieser Lebensepoche läßt sich mit zwei Worten aussprechen: Gleiches wird durch Gleiches erkannt; der Durchbruch der eigenen Originalität öffnet ihm den Sinn für alles Ursprüngliche, Originelle, Charakteristische. Was Lessing von dem deutschen Volke gesagt hatte, bewährt sich jetzt an diesem Jüngling mit der prachtvollen Stirn und den großen, leuchtenden Augen, an diesem „Wolfgang Apollo", dem edelsten Typus unseres Volkes: er liebt nicht mehr das Artige,

Zierliche, Verliebte, sondern das Gewaltige, Erhabene, Feurige. Das Geheimniß der Kunst geht ihm auf, aller Kunst, aller Poesie. Sie ist kein technisches Ding, das seine bestimmten Regeln und Formeln hat, sie ist innerste Lebensoffenbarung, Sprache der Menschheit, der Völker, der Zeitalter.

In der Anschauung des ungeheuren Münsters erschließt sich ihm die mittelalterliche und germanische Baukunst, die man gotisch genannt hatte, weil man sie für barbarisch hielt, weil man den Geistesdrang und die Empfindung nicht verstand, die diese Massen bemeistert und belebt, gewölbt und gethürmt hatten. Die Hellenen haben dorische Tempel gebaut, das christliche Mittelalter bedarf himmelanstrebender, die germanische Baukunst vollendet sie. Aus dieser Empfindung, aus diesem Charakter des Zeitalters wird ihm der gigantische Bau klar, aus dem Ganzen erleuchten sich die einzelnen Theile, er versteht die Sprache, welche der Münster redet, er hört ihn reden auch da, wo für die äußere Wahrnehmung seine Sprache verstummt; im Geiste sieht er den scheinbar fertigen Thurm höher aufwärts streben, über den stumpfen Schnecken noch vier höhere, leichtere

Thurmspitzen, die höchste da, wo das plumpe Kreuz steht. So war es im Bauplane wirklich gewollt. Auf die erstaunte Frage eines Kundigen, wer ihm das gesagt habe, konnte er antworten: „der Thurm selbst hat es mir gesagt!" So entsteht seine Schrift: „Von deutscher Baukunst", deren Grundgedanke in dem Ausspruche liegt: „die charakteristische Kunst ist die einzig wahre". Diesen Satz haben ihm zuerst die Steine gepredigt!

Es giebt einen Dichter, der in dieser einzig wahren Kunst, der charakteristischen, das Höchste geleistet, in der lebendigsten aller Kunstformen, in dem lebendigsten aller Stoffe, in der dramatischen Schöpfung menschlicher Charaktere: Shakespeare! Jetzt erst wirkt Shakespeare in seiner ganzen Kraft auf Goethe und dessen straßburger Freunde. Er wird nicht kritisch studirt, sondern genossen und gelebt. In einem Vortrag über Shakespeare, welchen Goethe unmittelbar nach seiner Rückkehr von Straßburg (den 14. Oktober 1771) gehalten hat, heißt es: „Die erste Seite, die ich in ihm las, machte mich auf zeitlebens ihm eigen, und wie ich mit dem Stücke fertig war, stand ich wie ein Blindgeborener, dem eine

Wunderhand das Geſicht in einem Augenblicke ſchenkt. Ich erkannte, ich fühlte aufs lebhafteſte meine Exiſtenz um eine Unendlichkeit erweitert."

Damals hatten wir ſchon den Führer, der in unſerer Litteratur die Bahn brach von Leſſing zu Goethe, der, wie kein zweiter, die Poeſie zur Natur und Urſprünglichkeit zurückführte, die Urquelle aller Dichtung nachwies nicht in dieſem oder jenem Vorbilde, ſondern im innerſten Leben der Menſchheit und der Völker ſelbſt, in den religiöſen und volksthümlichen Anſchauungen und Empfindungen, die von Geburt dichteriſch ſind. Poeſie iſt keine Privatſache, ſondern Menſchheits- und Völkergabe. Der Mann, von dem dieſes neue und gewaltige Licht ausging und ſich über die Dichtungen der Welt verbreitete, deſſen Bedeutung für unſere Litteratur nicht hoch genug geſchätzt werden kann, iſt Johann Gottfried Herder. Gleichzeitig mit Goethe kommt er nach Straßburg, wo ein Augenübel, von dem er geheilt ſein wollte, ihn Monate lang feſthält. Es war im Winter von 1770 zu 1771. In keinem Momente ſeines Lebens hätte Goethe für Herders Einfluß empfänglicher, für ſeine oft abſtoßende Herbigkeit nachgiebiger sein können, als in dieser straßburger Zeit. Im Zusammenleben mit dem älteren Freunde erkennt Goethe, daß auch die einzig wahre Poesie allein die natürliche und charakteristische ist. Eine Welt von Dichtungen geht ihm auf: die Poesie des Morgenlandes, das alte Testament, das Volkslied, Homer, Ossian, Shakespeare. In seiner Seele bewegen sich schon große Entwürfe. Zwei Gestalten aus der deutschen Volksgeschichte und Volkssage treten ihm nahe und locken unwiderstehlich seine poetische Kraft: Götz von Berlichingen und Faust! Der erste Gedanke dieser Werke stammt aus der straßburger Zeit, wir wissen es aus seinen Bekenntnissen in Dichtung und Wahrheit und aus dem Tagebuch, das er in Straßburg führte.

Von jetzt an dichtet Goethe, was er in sich erlebt. Seine Empfindungsart ist seine Dichtungsart. Die Scheidewand zwischen Phantasie und Wirklichkeit, Poesie und Leben fällt; beide gehen ohne Bruch in einander auf und werden völlig eines, wie bei keinem anderen Dichter der neuen Zeit, vielleicht der Welt. Was er lebt, redet, schreibt, ist Poesie. Herder hat ihm Goldsmiths

Erzählung: „der Landpriester von Wakefield" vorgelesen; lebendig stehen die Personen der Dichtung vor seinen Augen im Pfarrhause von Sesenheim (Sessenheim). Das Sesenheimer Idyll ist wohl das glücklichste seines Lebens (October 1770 bis August 1771). Wer möchte hier Dichtung und Wahrheit trennen? Im Vollgefühl der Jugend und Kraft eine feurige, von keiner Laune verbitterte, von keinem versagenden Schicksal schon in ihrer Entstehung getrübte Leidenschaft! Wie ganz anders ist das sesenheimer Liederbuch als das leipziger! Keine Spur mehr von kostümirter Empfindung, von gekräuselten Löckchen; fesselfrei ergießt sich der Strom feurigster Empfindung und Leidenschaft in das Gedicht.

Das Wintersemester ist zu Ende, die Osterferien sind da und der Professor hat am Schluß der Vorlesungen seinen Zuhörern Ausflüge in die Umgegend empfohlen. Sogleich schwingt sich Goethe aufs Roß und eilt, von Sehnsucht beflügelt, in der ersten Frühlingsmondnacht — es war Sonnabend den 30. März 1771 — nach Sesenheim, wo, seiner Ankunft unkundig, aber sicher, die Geliebte ihm entgegenharrt:

Es schlug mein Herz; geschwind zu Pferde,
Und fort! wild, wie ein Held zur Schlacht.
Der Abend wiegte schon die Erde
Und an den Bergen hing die Nacht;
Schon stund im Nebelkleid die Eiche,
Wie ein gethürmter Riese da,
Wo Finsterniß aus dem Gesträuche
Mit hundert schwarzen Augen sah.

Die Nacht schuf tausend Ungeheuer,
Doch tausendfacher war mein Muth:
Mein Geist war ein verzehrend Feuer,
Mein ganzes Herz zerfloß in Gluth![1]

2. Frankfurt und Wetzlar.

Die Zeit des genialen Schaffens beginnt. Das Vorgefühl titanischer Kraft gährt in dem Dichter, und es bemächtigt sich seiner jene schöpferische Unruhe, die gewaltigen Thaten vorausgeht und noch nicht die Fessel der concentrirten Arbeit erträgt. In dieser Stimmung ist er Ende August 1771 von Straßburg nach Frankfurt zurückgekehrt. Auch in seinem äußeren Leben wird diese Geistesunruhe sichtbar, die Wände des Zimmers sind ihm zu eng, es treibt ihn „hinaus ins weite Land", am wohlsten fühlt er sich in der freien Natur, in Wetter und Sturm. Unter seinen

---

[1] Der junge Goethe. Theil I, S. 269. (Nach der sesenheimer Handschrift.) Vgl. Dichtung und Wahrheit. Buch XI. Goethe-Jahrbuch Bb. XII, S. 225—26.

Freunden heißt er „der Wanderer". Auf einer seiner einsamen Streifereien in Frankfurts Umgegend entsteht jenes merkwürdige Gedicht, das er, vom Sturm der Elemente umtobt, wandernd vor sich hinsummt, ein charakteristischer Ausdruck der in ihm gährenden machtvollen Unruhe:

>Wen du nicht verlässest Genius,
>Nicht der Regen, nicht der Sturm
>Haucht ihm Schauer übers Herz,
>Wen du nicht verlässest Genius,
>Wird der Regenwolke,
>Wird dem Schlossensturm
>Entgegensingen, wie die
>Lerche du da droben!
>Wen du nicht verlässest Genius,
>Wirst ihn heben übern Schlammpfad,
>Mit den Feuerflügeln
>Wandeln wird er,
>Wie mit Blumenfüßen
>Ueber Deukalion's Fluthschlamm,
>Python töbtend leicht groß,
>Pythius Apollo!

Goethe nannte dieses Gedicht „des Wanderers Sturmlied", es verkündet den Anbruch seiner Sturm= und Drangzeit. Im November 1771 dramatisirt er die „Geschichte Gottfriedens von Berlichingen mit der eisernen Hand", aus deren Umarbeitung das Schauspiel „Götz von Ber=

lichingen" hervorgeht. In diese Zeit fallen die Anfänge seiner Freundschaft mit dem darmstädter Kriegsrath Johann Heinrich Merck, in dessen Persönlichkeit einige jener sarkastischen Züge scharf ausgeprägt waren, welche Goethe in die Charakteristik seines Mephistopheles aufgenommen haben will.

Versenkt man sich in das Gemüthsleben unseres Dichters, so fühlt man an der Stelle, wo wir stehen, daß eine Krisis nöthig war, die aus dem „Wanderer" den Dichter und schaffenden Künstler hervorrief. Er mußte durch eigene Kraft die wilden Triebe und das ungestüme Thun bemeistern und beschwichtigen, um sich selbst ganz in die Gewalt zu bekommen und seiner mächtig zu sein. Eine andere Empfindung weht in des Wanderers Sturmlied: das Vorgefühl der Kraft im Vertrauen auf seinen Genius! Eine andere in dem Prometheusgedicht und den Künstlerliedern: das Selbstgefühl der Kraft im Besitze des Genius!

Der Weg geht durch die Tiefe des Schmerzes, durch die Qual verzehrender Leidenschaften, die gegen Welt und Schicksal ringen und sich seiner bis zur Todessehnsucht, bis zum Gedanken der

Selbstzerstörung bemächtigen. Das sind „die Leiden des jungen Werthers", eine Dichtung, deren erste, aber keineswegs einzige Quelle Goethes Erlebnisse im Sommer 1772 zu Wetzlar waren. „Werther muß sein", schrieb er dem unzufriedenen Freunde, als er das erschütternde Buch in die Welt gesendet.[1] Und als dasselbe gleich im folgenden Jahre von neuem erschien (1775), ließ Goethe dem zweiten Theile die Verse vorangehen:

> Du beweinst, du liebst ihn, liebe Seele,
> Rettest sein Gedächtniß vor der Schmach;
> Sieh, dir winkt sein Geist aus seiner Höhle:
> Sei ein Mann und folge mir nicht nach!

Diese männliche That war schon der Werther. Nachdem er dieses Werk vollendet, ist Goethe seiner Macht sicher, er ist schon der Dichter, den er in den Schlußworten seines Tasso soviel später geschildert hat:

> Und wenn der Mensch in seiner Qual verstummt,
> Gab mir ein Gott zu sagen, wie ich leide![2]

Während der wetzlarer Zeit gährt in ihm der

---

[1] A. Kestner: Goethe und Werther. S. 234. —; [2] In der Marienbader „Elegie" (1823) heißt das Motto: „Und wenn der Mensch in seiner Qual verstummt, gab mir ein Gott zu sagen, was ich leide". In dem Gedicht: „An

Fauſt. Es iſt unter ſeinen Freunden bekannt, daß er mit dieſer Dichtung umgeht; damals ſchrieb ihm Gotter, der eben ſeinen Brief über die Starkgeiſterei verfaßt hatte, jene Knittelverſe, worin er den Fauſt als Gegengeſchenk fordert: „Schick' mir dafür den Doctor Fauſt, ſobald dein Kopf 'ihn ausgebrauſt!"

Seit dem Abſchiede von Wetzlar, den 11. September 1772, bis zu der Ankunft in Weimar, den 7. November 1775, vergehen etwas über drei Jahre: es ſind die der vollendeten Jünglingszeit, die letzten in Frankfurt, die fruchtbarſten ſeines Lebens. Jetzt iſt das geniale Schaffen in vollem Zuge, die productive Kraft auf das höchſte geſteigert und ihm ſtets gegenwärtig. Das Jahr 1774, in deſſen Anfängen Goethe den Werther ſchrieb, iſt der Gipfel dieſer unvergleichlichen Zeit. „Ich hatte mich durch dieſe Compoſition mehr als durch jede andere aus einem ſtürmiſchen Elemente gerettet, ich fühlte mich wie nach einer Generalbeichte wieder froh und frei und zu neuem

---

Werther" (1824) lautet der Schluß: „Verſtrickt in ſolche Qualen halbverſchuldet, geb' ihm ein Gott zu ſagen, was er duldet". Dieſe drei Gedichte: „An Werther", „Elegie" und „Ausſöhnung" hat Goethe vereinigt unter dem Namen: „Trilogie der Leidenſchaft".

Leben berechtigt."[1] „Als Bestätigung meiner Selbständigkeit fand ich mein productives Talent, es verließ mich seit einigen Jahren keinen Augenblick, in jeder Zeit konnte man von mir fordern, was man wollte, ich war stets bereit und fertig." „Ich betrachtete das mir innewohnende dichterische Talent ganz als Natur und die äußere Natur als dessen Gegenstand." „Diese Naturgabe gehörte ganz mir eigen, und ich mochte darauf gern in Gedanken mein ganzes Dasein gründen." In diesem merkwürdigen Bekenntniß haben wir den Dichter. Das Selbstgefühl, das er uns schildert, verwandelt sich in ein Bild, in welchem Goethe sich anschaut und darstellt: Prometheus, der menschenbildende Titan! Einen solchen Dichter durfte ich doch wohl den Magus unserer Poesie nennen, ihn, der von sich selbst sagen konnte: ich besaß eine Panacee, ein Hausmittel, das mir stets half, es bestand darin, die Wirklichkeit in Poesie zu verwandeln! Die Zeit ist gekommen, wo dieser Dichter den Magus unserer Volkssage nach seinem Bilde gestaltet. Dieser Prometheus-Goethe ist unser Faust! „Hier

---

[1] Dichtung und Wahrheit. Buch XIII.

sitz' ich, forme Menschen nach meinem Bilde, ein Geschlecht, das mir gleich sei!"

Mit dem echten Natur- und Kraftgefühl, das ihn erfüllt, contrastirt alles Unechte und Schwächliche, alles Sentimentale und Niedrige, das sich in den litterarischen und geselligen Kreisen und Umgebungen des Dichters breit genug machte. Solche Erscheinungen werden mit überlegenem Humor empfunden und dargestellt. So entsteht eine Reihe satirischer Dichtungen: Pater Brey, Satyros oder der vergötterte Waldteufel, das Jahrmarktsfest zu Plundersweilern, Hanswursts Hochzeit. Wieland hatte durch Bemerkungen über Shakespeare, noch mehr durch sein Singspiel Alkeste, das er für poetischer hielt als die Alkestis des Euripides, den Verdruß Goethes und seiner gleichgesinnten Freunde erregt. Eines Sonntags Nachmittags bei einer Flasche Burgunder schreibt er in der Mansarde seines Vaterhauses in einem Zuge die köstliche Satire: „Götter, Helden und Wieland". Das umgearbeitete Schauspiel Götz von Berlichingen erscheint im Frühjahr 1773. Im Sommer dieses Jahres dichtet er auf Spaziergängen den Werther, im

Februar und März des folgenden Jahres wird in einem Zuge das Werk geschrieben, das im October 1774 erscheint. Binnen acht Tagen entsteht der Clavigo. Ein gewaltiger Entwurf neben dem anderen erhebt sich in der Seele des Dichters: Prometheus, Cäsar, der ewige Jude, Mahomet. Im Vordergrunde steht Faust.

An dieser Stelle will ich einen Augenblick verweilen. Ich möchte gern in einigen Momenten, die sich in der Kürze schildern lassen, uns den Goethe dieser Zeit vergegenwärtigen, ihn gleichsam belauschen in der Art, wie er lebt und dichtet. Im Sommer 1774 empfängt er bald nacheinander die Besuche zweier merkwürdiger Männer, welche in Person und Denkart nicht entgegengesetzter sein konnten: jeder in seiner Weise ein Prophet der menschlichen Natur nach der Richtung der Zeit, nur daß der eine die Natur magisch und geheimnißvoll, der andere in derbster Weise gemeinverständig nahm, jener die Wiederherstellung auf religiösem, dieser auf pädagogischem Wege suchte: Lavater und Basedow! Goethe erwidert ihren Besuch in Ems und macht mit ihnen gemeinsam die Lahnfahrt nach Coblenz. Es war am 18. Juli 1774. Im Vorüberfahren sieht er die Ruine Lahneck, alles belebt sich in seiner Phantasie, er schaut im Geiste den Burgherrn, eine Riesengestalt gegenüber dem Pygmäengeschlechte der Gegenwart, wild, kraftvoll, von stürmischer Thaten- und Lebenslust strotzend; wenn er nicht kämpft oder zecht, schleicht ihm das Leben dahin träg und ohne Inhalt. Wie dem Dichter dieses Bild mittelalterlicher Heldenkraft wohlthut! Es steht vor seinen Augen, als ob es ihm zuwinkt, er winkt ihm zurück und schreibt in dieser Stimmung in das Buch des Zeichners, welcher Lavatern begleitet, seinen „Geistesgruß":

>Hoch auf dem alten Thurme steht
>Des Helden edler Geist,
>Der, wie das Schiff vorüber geht,
>Es wohl zu fahren heißt.
>
>„Sieh! diese Sehne war so stark,
>„Dies Herz so fest und wild,
>„Die Knochen voll von Rittermark!
>„Der Becher angefüllt —
>„Mein halbes Leben stürmt' ich fort,
>„Verdehnt' die Hälft in Ruh,
>„Und du, du Menschenschifflein dort,
>„Fahr immer, immer zu!"

Dann „das Diné zu Coblenz", wo Goethe

seinen Platz zwischen Lavater und Basedow hat, jener flankirt von einem Landprediger, dieser von einem Tanzmeister, beide sofort in ihrem Berufe thätig; Lavater demonstrirt dem Prediger das himmlische Jerusalem auf dem Tischtuch, Basedow hält dem Tanzmeister eine Predigt gegen die Kindertaufe:

>Ich war indeß nicht weit gereist,
>Hatte ein Stück Salmen aufgespeist.

— — —

>Und wie nach Emmaus weiter ging's
>Mit Geist= und Feuerschritten,
>Prophete rechts, Prophete links,
>Das Weltkind in der Mitten!

Die Rheinreise führt ihn weiter abwärts nach Köln und Düsseldorf, wo er den Freund trifft, der ihm damals verwandter und gleichgesinnter war als jeder andere: Friedrich Heinrich Jacobi. Man schwelgt in der Fülle des Hin= und Wiedergebens, die Lust der Mittheilung ist ohne Grenzen. Jacobi hatte den Dichter bis Köln begleitet; hier wohnen beide im Gasthof zum Geist; des Nachts sucht Goethe den Freund zu neuer Mittheilung auf, beide stehen am Fenster, der Mondschein zittert über die Breite des Rheins, und Goethe recitirt dem Freunde die Balladen, welche er damals gedichtet, eine davon lebt heute im Munde des Volks:

> Es war ein König in Thule,
> Einen goldenen Becher er hätt'
> Empfangen von seiner Buhle
> Auf ihrem Todesbett.

In der Erinnerung jener Zeit ruft Jacobi noch vierzig Jahre später entzückt aus: „Welche Tage, welche Stunden!" Auch Goethes persönlicher Eindruck war von magischer Gewalt. „Er ist so offen dem einen", schildert ihn Lavater, „so gepanzert dem anderen, horchend wie ein Kind, fragend wie ein Weiser, entscheidend wie ein Mann, ausführend wie ein Held!" In einem Briefe aus dem pempelforter Kreise heißt es: „Goethe war bei uns, ein schöner Junge von fünfundzwanzig Jahren, der vom Wirbel bis zur Zehe Genie und Stärke ist, ein Herz voll Gefühl, ein Geist voll Feuer mit Adlersflügeln." Sind wir nicht wörtlich an das alte Volksbuch erinnert, wie es den jugendlichen Magus von Wittenberg schildert? Jacobi schrieb damals an Wieland: „Goethe ist selbständig vom Scheitel bis zur Sohle; je mehr ich's überdenke, je lebhafter empfinde ich die Unmöglichkeit, dem, der

Goethen nicht gesehen noch gehört hat, etwas Begreifliches über dieses außerordentliche Geschöpf Gottes zu schreiben."

Noch gegen Ende dieses hochpoetischen Jahres ergreift den Dichter eine neue Leidenschaft, die bald in voller Gluth steht, es ist die Liebe zu der frankfurter Patriciertochter Elisabeth Schönemann, in seinen Liedern Lili genannt. Kein ernsthaft versagendes Schicksal, auch nicht die Scheu, seinem Genius und seiner Zukunft zuwiderzuhandeln, hindert die Erfüllung, die schon nahe zu sein scheint, als sich ungünstige Familienbestimmungen von beiden Seiten regen, gefallsüchtige und eifersüchtige Launen von seiten der Liebenden dazu kommen und das junge Liebesglück umwölken. Bald empfindet Goethe, daß ihm eine neue Entsagung bevorsteht.[1] In dieser Stimmung trifft ihn im Mai 1775 der Besuch der Brüder Stolberg, welche der Wunsch, den bewunderten Dichter des Götz persönlich kennen zu lernen, nach Frankfurt geführt hat. Gemeinsam mit ihnen macht er die Reise nach der

---

[1] Vgl. Goethe und Heidelberg. Meine Festrede zur städtischen Goethefeier aus Anlaß des 150. Geburtstages Goethes. (Heidelberg, Winter, 1899.) S. 16—22.

Schweiz, und hier auf der Fahrt über den Züricher See, im Anblicke der großen Natur, athmet er seine gepreßte Stimmung aus in dem herrlichen Gedicht:

> Und frische Nahrung, neues Blut
> Saug' ich aus freier Welt;
> Wie ist Natur so hold und gut,
> Die mich am Busen hält!
> Die Welle wieget unsern Kahn
> Im Rudertact hinauf,
> Und Berge, wolkig himmelan,
> Begegnen unserm Lauf.

Das ist die Schweiz, wie sie leibt und lebt! Das ist Naturdichtung! Das ist der Dichter, von dem das Wort Heines in voller Wahrheit gilt: „die Natur wollte wissen, wie sie aussieht, da schuf sie Goethe!"

Aus dieser Dichterkraft und aus dieser Zeit ist der Faust hervorgegangen in seiner ersten ältesten Gestalt. Was Goethe im Jahre 1790 als „Fragment" veröffentlicht hat, war zum größten Theil schon jetzt vollendet, wahrscheinlich schon im Jahre 1774. Goethe selbst erzählt, daß er auf seiner Reise nach der Schweiz Klopstock in Karlsruhe besucht und ihm dort die meisten Scenen seines Faust vorgelesen habe. Der Markgraf Karl Friedrich von Baden hatte den Dichter des Mes=

sias an seinen Hof eingeladen, Klopstock kam im September 1774 und ging im März des folgenden Jahres, beide male besuchte er Goethen in Frankfurt. Daher ist es unmöglich, daß ihm dieser in Karlsruhe einige Monate später seinen Faust vorgelesen hat; die Angabe beruht auf einer Gedächtnißtäuschung, wie deren sich manche in Dichtung und Wahrheit finden. Die Vorlesung hat in Frankfurt stattgefunden, entweder auf der Hinreise im September 1774 oder auf der Rückreise im März 1775.

Zwischen jene beiden Besuche Klopstocks fallen zwei Besuche Jacobis, welcher Ende Januar 1775 nach Karlsruhe ging und vier Wochen später zurückkehrte; auch ihm theilte Goethe die fertigen Scenen seines Faust mit, und als Jacobi sechszehn Jahre später das Fragment gelesen hatte, schrieb er an Goethe: „Ich kannte beinahe schon alles". Es ist daher sicher, daß im Anfange des Jahres 1775 das älteste Gedicht in seinen Hauptbestandtheilen bereits feststand.

Dazu sind im Laufe des Jahres 1775 noch einige Scenen gekommen, wie aus einem Briefwechsel erhellt, der gerade in dieser Zeit, worin

Goethes Leidenschaft für Lili fluthet und ebbt, die reichsten Aufschlüsse über sein Leben und seine Stimmungen giebt: es sind seine Briefe an die Gräfin Auguste Stolberg, die Schwester seiner Freunde. Von dem Dichter begeistert, hatte sie, damals einundzwanzig Jahre alt, den brieflichen Verkehr begonnen; sie ist als Gräfin Bernstorff, eine zweiundachtzigjährige Greisin, gestorben, ohne den Dichter je gesehen zu haben. Den 6. März schrieb ihr Goethe: „Habe gezeichnet, eine Scene gedichtet, o! wenn ich jetzt nicht Dramas schriebe, ich ging zu Grund!" In einem Briefe aus Offenbach vom 3. August 1775 findet sich folgende Stelle: „Unseliges Schicksal, das mir keinen Mittelzustand erlauben will. Entweder auf einem Punkt, fassend, festklammernd, oder schweifen gegen alle vier Winde. Selig seid ihr, verklärte Spaziergänger, die mit zufriedener, anständiger Vollendung jeden Abend den Staub von ihren Schuhen schlagen und ihres Tagewerks göttergleich sich freuen. Hier fließt der Main, grad drüben liegt Bergen auf einem Hügel hinter Kornfeld. Da links unten liegt das graue Frankfurt mit dem ungeschickten Thurm, das jetzt für

mich so leer ist, als mit Besemen gekehrt, da
rechts auf artige Dörfchen, der Garten da unten,
die Terrasse auf den Main hinunter." Offenbar
schwebte ihm bei diesen Worten in voller Frische
jene Scene seines Faust vor Augen, welche die
Ueberschrift hat: „Vor dem Thor. Spaziergänger
aller Art ziehen hinaus". Die unvergleichliche
Scene ist noch in Frankfurt entstanden und hat,
wie auch aus ihr selbst erhellt, die alte Reichs=
stadt zu ihrem Hintergrunde.[1]

Ich sage: die Scenen „Vor dem Thor" sind in
Frankfurt entstanden, d. h. concipirt, vielleicht skiz=
zirt, nicht aber ausgeführt worden, weshalb hier die
Frage nach dem Zeitpunkt der Ausführung und
Vollendung dieser Scenen zunächst offen bleibt.

---

[1] Vgl. darüber die eingehenden Erörterungen von
O. Pniower. Goethe=Jahrbuch XVI (1895). S. 149—181.
— Im Goethe=Jahrbuch XX (1899), S. 155—196, findet
ein seltsamer Erklärer es „unbegreiflich", daß in der an=
geführten Briefstelle die „verklärten Spaziergänge" auf die
Spaziergänge vor dem Thore bezogen werden, während doch
im Gegensatze zu dem fortstürmenden Goethe „die Schritt=
gänger" gemeint seien, wie denn auch in jener Briefstelle
nicht „das graue Frankfurt mit dem ungeschickten Thurm",
sondern Offenbach geschildert werde! Alle diese Behaupt=
ungen geschehen natürlich mit einer eben so anmaßlichen
wie grundlosen Absprecherei.

In einem späteren Briefe aus Offenbach vom „17. September Nachts" begegnen wir einer Stelle, die ebenfalls auf eine Scene des Faust unverkennbar hinweist. Im Vorgefühl der nahen Entsagung und von der letzten Unruhe einer Leidenschaft, die zu Ende geht, hin- und hergetrieben, schreibt Goethe: „Der Tag ist leidlich und stumpf herumgegangen. Da ich aufstund, war mir's gut, ich machte eine Scene an meinem Faust. Mir war's in all dem, wie einer Ratte, die Gift gefressen hat, sie läuft in alle Löcher, schlürft alle Feuchtigkeit, verschlingt alles Eßbare, das ihr in den Weg kommt, und ihr Innerstes glüht von unauslöschlich verderblichem Feuer." Wir hören das Rattenlied aus der Scene in Auerbachs Keller: „Die Köchin hat ihr Gift gestellt, da ward's so eng ihr in der Welt, als hätt' sie Lieb' im Leibe!"

Wer möchte ahnden, daß in diesem Spottliede auf Siebel — „er sieht in der geschwoll'nen Ratte sein ganz leibhaftig Ebenbild" — der Dichter seine eigene gequälte Gemüthsstimmung parodirt hat! Die Scene „Auerbachs Keller in Leipzig" ist eine der letzten gewesen, welche Goethe noch in Frankfurt gedichtet hat.

3. Weimar (1775—1786).

Die Sturm- und Drangzeit ist ausgelebt Wir stehen an der Schwelle einer neuen Entwickelungsstufe des Dichters, die gewöhnlich seine „classische Periode" genannt wird; das Werk ist schon begonnen, in welchem, wie in keinem anderen, dieser Uebergang sich vollzieht und gleichsam die Fluthen der beiden Dichtungszeiten und Dichtungsweisen sich mischen: Egmont. Auch die äußeren Lebensverhältnisse Goethes ändern sich, er verläßt seine Vaterstadt und trägt den Ruhm unserer classischen Dichtung nach Weimar. Er hatte die Handschrift seines Faust bei sich, als er im Wertherkostüm den 7. November 1775 in seiner neuen Heimath eintraf.

Dieses Gedicht war eines der ersten, das er dem weimarschen Hofe vorlas. Zu den lustigen Streichen, welche man zu gegenseitigem Ergötzen damals ersann, gehörten die sogenannten Matinés, „launisch satirische Gedichte, worin die schönen Geister Weimars einander ihre Eigenheiten, Gewohnheiten, Arten und Unarten in oft derbem Scherze vorzurücken liebten." Eine solche Neckerei in Knittelversen als „Schreiben eines

Politikers an die Gesellschaft am 6. Januar 1776" verfaßte Hildebrand von Einsiedel, der Hofmarschall der Herzogin Anna Amalia, mit der Unterschrift „Mephistopheles". Die Personen der Hofgesellschaft wurden durchgehechelt, und auch der Dichter des Werther und des Faust mußte dem derben und gutmüthigen Spott zur Zielscheibe dienen:

Dem Ausbund aller, dort von Weiten
Möcht' ich auch ein Süpplein zubereiten,
Fürcht' nur sein ungeschliffenes Reiten,
Denn sein verfluchter Galgenwitz
Fährt aus ihm wie Geschoß und Blitz.
's ist ein Genie von Geist und Kraft:
(Wie eben unser Herr Gott Kurzweil schafft)
Meint, er könn uns all übersehn,
Thäten für ihn rum auf Vieren gehn,
Wenn der Fratz so mit einem spricht,
Schaut er einem stier ins Angesicht,
Glaubt, er könn 's fein riechen an,
Was wäre hinter jedermann.
Mit seinen Schriften unsinnsvoll
Macht er die halbe Welt jetzt toll,
Schreibt 'n Buch von ein'm albern Tropf,
Der heiler Haut sich schießt vorn Kopf:
Meint wunder, was er ausgedacht,
Wenn ihr einem Mädel Herzweh macht,
Paradirt sich darauf als Doctor Faust,
Daß 'm Teufel selber vor ihm graußt.[1]

---

[1] Riemer: Mittheilungen über Goethe. II. S. 23 (Berlin 1841). R. Keil: Vor hundert Jahren (Leipzig 1875). Bd. I. S. 27—33.

Die beiden letzten Zeilen sind aus kritischen Gründen von besonderer Wichtigkeit, denn sie enthalten eine Anspielung auf ein Zwiegespräch, worin Faust mit erschreckender Wuth gegen Mephistopheles auftritt. In unserem Gedicht giebt es nur eine solche Scene, zugleich die einzige in Prosa geschriebene: die mit der Ueberschrift „Trüber Tag. Feld". Offenbar war diese zur Beurtheilung des ursprünglichen Planes sehr wichtige und merkwürdige Scene, auf die wir zurückkommen werden, ein Bestandtheil der Dichtung, welche Goethe von Frankfurt mitbrachte und in Weimar vorlas.

Auch die Kerkerscene, womit der erste Theil des Faust schließt, war damals in prosaischer Fassung schon entworfen. Goethe hatte einem seiner poetischen Jugendgenossen und straßburger Freunde, Heinrich Leopold Wagner, der seit dem Herbste 1774 in Frankfurt lebte, seine „Absicht mit Faust, besonders die Katastrophe von Gretchen" erzählt. Dieser faßte das Sujet auf und benutzte es für sein Trauerspiel „Die Kindermörderin", welches 1776 erschien. „Es war das erstemal, daß mir jemand etwas von meinen Vorsätzen wegschnappte; es verdroß mich, ohne daß ich's ihm nachgetragen hätte." So berichtet Goethe in seinen Lebenserinnerungen.[1] Er fand, daß Wagner in seinem Stück nicht bloß Namen, wie „Frau Marthen und Lissel", sondern auch Motive aus der Gretchentragödie entlehnt hatte, wie den Schlaftrunk, der die Mutter tödtet, die Ohnmacht des gefallenen Mädchens in der Kirche, als auf der Kanzel die Gesetze wider den Kinder= mord verlesen werden, die hülflose und verzwei= felte Lage, in welcher die Unglückliche, flüchtig und in angstvoller Verborgenheit, ihr Kind tödtet und es dann, wie im Wahnsinn, mit einem Wiegenliede einschläfert, endlich die Entsagung, womit sie nach der Entdeckung ihrer schrecklichen That jede Rettung zurückweist und den Tod durch Henkershand begehrt. Diese Motive müssen in dem frankfurter Entwurfe der Gretchentragödie enthalten gewesen sein, sonst hätte Goethe nicht finden können, daß Wagner ihm etwas „weg= geschnappt" habe, da die Dichtung des letzteren im übrigen jede Vergleichung mit der seinigen aus= schließt. „Sie erhebt sich nicht über den Grad der

---

[1] Dichtung und Wahrheit. Buch XIV.

Mittelmäßigkeit", schrieb Schiller an Dalberg (den 15. Juli 1782), als er diesem die wagnersche Tragödie zurückschickte. „Sie wirkt nicht sehr auf meine Empfindung und hat zu viel Wasser."[1] Mit erschütternder Gewalt hatte Schiller kurz vorher in seinem Gedicht „Die Kindsmörderin", welches in der Anthologie für das Jahr 1782 erschien, diesen Stoff durchdrungen und zu einem wahrhaft tragischen Lebensbilde gestaltet.

Was und wie viel damals von der Helena, die später den Mittelpunkt des zweiten Theiles erfüllen und gleichsam den Gipfel der vollendeten Dichtung ausmachen sollte, schon entworfen war, wissen wir nicht. Doch bezeugt uns der Dichter selbst, daß sie zu den ältesten Conceptionen gehörte. Es dauerte fünfzig Jahre, bevor sie abgesondert als „Zwischenspiel zu Faust" öffentlich erschien (1826). Damals schrieb Goethe an W. v. Humboldt: „Es ist eine meiner ältesten Conceptionen, sie ruht auf der Puppenspielüberlieferung, daß Faust den Mephistopheles genöthigt, ihm die Helena zum Beilager herbeizuschaffen."[2]

---

[1] Vgl. Meine Schiller-Schriften. Band I. Schillers Jugend- und Wanderjahre in Selbstbekenntnissen. 2. Aufl. (1891). S. 99—104. — [2] Weimar den 22. October 1826.

In einem späteren Briefe an Knebel nennt Goethe dieses Werk ein Erzeugniß vieler Jahre, das „mir gegenwärtig ebenso wunderbar vorkommt, als die hohen Bäume in meinem Garten am Stern, welche, doch noch jünger als diese poetische Conception, zu einer Höhe emporgewachsen sind, daß ein Wirkliches, welches man selbst verursachte, als ein Wunderbares, Unglaubliches, nicht zu Erlebendes erscheint."[1] Da nun jene Linden, wie Goethe in seinem Tagebuch bemerkt hat, den 1. November 1776 gepflanzt wurden, so darf man nach des Dichters eigener Aussage annehmen, daß der erste Entwurf der Helena noch in die frankfurter Zeit fällt. Es ist nicht richtig, daß Goethe in den Tagen des 23. und 24. März 1780 seine Helena der Herzogin Amalia vorgelesen habe, wie Riemer auf Grund seiner irrthümlichen Auslegung einer goetheschen Tagebuchstelle berichtet. Die Helena, von der dort geredet wird, ist nicht die des Faust, sondern das Oratorium Helena von Hasse.[2]

Goethes Briefwechsel mit den Gebrüdern v. Humboldt (Leipzig 1876). S. 279.

[1] W. den 14. November 1827. Goethes und Knebels Briefwechsel (Leipzig 1851). S. 379—380. — [2] R. Keil: Bd. I. S. 216. Vgl. Riemer: Bd. II. S. 581. Dieser un=

Uebrigens wollen wir den Eindruck, den unser Goethe=Faust, wie er in Weimar erschien, auf seine Umgebung machte, uns nicht bloß von dem „Politiker", der als Mephistopheles auftrat, sondern von einem Dichter schildern lassen, dem die Kraft des Spottes verliehen war, aber im Entzücken über diesen Magus verging. In einem Gedicht vom Neujahrstage 1776 hat Wieland seiner Psyche den Dichter des Faust geschildert, der sich den Nostradamus zum Begleiter erkoren:

Auf einmal stand in unserer Mitten
Ein Zauberer! Aber denke nicht,
Er kam mit unglückschwangerem Gesicht
Auf einem Drachen angeritten!
Ein schöner Hexenmeister es war
Mit einem schwarzen Augenpaar,
Zaubernden Augen voll Götterblicken,
Gleich mächtig zu tödten und zu entzücken.
So trat er unter uns, herrlich und hehr,
Ein echter Geisterkönig, daher!
Und niemand fragte: wer ist denn der?
Wir fühlten beim ersten Blick, 's war Er!

Wir fühlten's mit allen unsern Sinnen,
Durch alle unsre Adern rinnen.
So hat sich nie in Gotteswelt
Ein Menschensohn uns dargestellt,

---

richtigen Mittheilung ist Düntzer in seiner Erläuterung des G. Faust (Leipzig 1854), S. 79, gefolgt. Dagegen vgl. Düntzer: Charlotte von Stein (Stuttgart 1874). Bd. I. S. 122.

Der alle Güte und alle Gewalt
Der Menschheit so in sich vereinigt!
So feines Gold, ganz innerer Gehalt,
Von fremden Schlacken so ganz gereinigt!
Der, ungedrückt von ihrer Last,
So mächtig alle Natur umfaßt,
So tief in jedes Wesen sich gräbt
Und doch so innig im Ganzen lebt!

O welche Gesichte, welche Scenen
Ließ er vor unsern Augen entstehn?
Wir wähnten nicht zu hören, zu sehn,
Wir sahn! Wer malt, wie er? So schön
Und immer ohne zu verschönen!
So wunderbarlich wahr! So neu,
Und dennoch Zug für Zug so treu?
Doch wie, was sag ich malen? Er schafft,
Mit wahrer mächtiger Schöpferkraft
Erschafft er Menschen, sie athmen, sie streben!
In ihren innersten Fasern ist Leben!
Und jedes ganz es selbst so rein!
Könnte nie etwas anders sein!
Ist immer echter Mensch der Natur!
Nie Hirngespinst, nie Caricatur,
Nie kahles Gerippe von Schulmoral,
Nie überspanntes Ideal![1]

Die Entwürfe neuer Werke, die einer neuen Zeit in dem Entwickelungsgange des Dichters angehören, drängen den Faust in den Hintergrund. Schon im ersten Jahre seines weimarschen Aufenthalts beginnt er die Iphigenie, die 1779

---

[1] Der Deutsche Merkur vom Jahre 1776. S. 12—18.

in ungebundener Rede vollendet wird; schon im folgenden Jahr unternimmt er den Tasso.[1] Als zur Feier seines Geburtstages, den 28. August 1781, das Gartentheater zu Tiefurt mit dem Schattenspiel „Minervas Geburt, Leben und Thaten" eröffnet wurde, erschien, von einem Genius getragen, in den Wolken der Name Goethe und wurde von Minerva (Corona Schröter) bekränzt; in den Wolken aber leuchteten in Feuerschrift die Namen „Iphigenie" und „Faust".[2]

4. Die italienische Reise (1786—1788).

Es sind vier große poetische Aufgaben, die den Dichter nach Italien begleiten: die metrische Umformung der Iphigenie, die Vollendung des Faust, des Egmont und des Tasso.

Während seines ersten römischen Aufenthaltes (vom 28. October 1786 bis zum 21. Februar 1787) wird die erste jener Aufgaben gelöst. Nach seiner Rückkehr von Sicilien schreibt er den 11. August 1787 an Herder: „Egmont ist fertig

---

[1] Vgl. Meine Goethe-Schriften. 1. Goethes Iphigenie. 3. Aufl. (1900). S. 12 flg. 2. Goethes Tasso. 3. Aufl. (1900).

[2] Vgl. das Journal von Tiefurt: Schriften der Goethe-Gesellschaft. Bd. VII (1892). Drittes Stück. S. 18—20. Der Verfasser dieses Stückes ist Karl August. (Einl. S. XIX.)

und wird zu Ende dieses Monats abgehen können". "Tasso kommt nach dem neuen Jahr. Faust soll auf seinem Mantel als Courier meine Ankunft melden!" Aber diese beiden Dichtungen rücken nicht vorwärts. "Nun liegen noch", schreibt der Dichter ein Vierteljahr später (den 3. November), "so zwei Steine vor mir, Faust und Tasso. Da die barmherzigen Götter mir die Strafe des Sisyphus auf die Zukunft erlassen zu haben scheinen, hoffe ich, auch diese Klumpen den Berg hinaufzubringen." Goethe dichtet, was er erlebt; er erlebt nichts, was diese Werke bewegen könnte. "Wenn es unter gleichen Constellationen fortgeht", heißt es in einem Briefe vom 10. Januar 1788, "so muß ich mich im Laufe dieses Jahres in eine Prinzessin verlieben, um den Tasso, ich muß mich dem Teufel ergeben, um den Faust schreiben zu können, ob ich mir gleich zu beiden wenig Lust fühle."[1]

Endlich, so scheint es, kommt Leben in den Faust. Wir finden unter dem 1. März 1788 in der Erzählung seiner italienischen Reise ein für jene Dichtung sehr merkwürdiges Bekenntniß:

---

[1] Vgl. mein Werk über "Goethes Tasso" (Goethe-Schriften 3). S. 180—185.

„Es war eine reichhaltige Woche, die mir in der Erinnerung wie ein Monat vorkommt. Zuerst ward der Plan zu Faust gemacht, und ich hoffe, diese Operation soll mir geglückt sein. Natürlich ist es ein ander Ding, das Stück jetzt oder vor fünfzehn Jahren ausschreiben; ich denke, es soll nichts dabei verlieren, besonders da ich jetzt glaube, den Faden wiedergefunden zu haben. Auch was den Ton des Ganzen betrifft, bin ich getröstet; ich habe schon eine neue Scene ausgeführt, und wenn ich das Papier räuchere, so dächte ich, sollte sie mir niemand aus den alten herausfinden. Da ich durch die lange Ruhe und Abgeschiedenheit ganz auf das Niveau meiner eigenen Existenz zurückgebracht bin, so ist es merkwürdig, wie sehr ich mir gleiche, und wie wenig mein Inneres durch Jahre und Begebenheiten gelitten hat. Das alte Manuscript macht mir manchmal zu denken, wenn ich es vor mir sehe. Es ist noch das erste, ja in den Hauptscenen gleich so ohne Concept hingeschrieben; nun ist es so gelb von der Zeit, so vergriffen, — die Lagen waren nie geheftet — so mürbe und an den Rändern zerstoßen, daß es wirklich wie das

Fragment eines alten Codex aussieht, so daß ich, wie ich damals in eine frühere Welt mich mit Sinnen und Ahnen versetzte, ich mich jetzt in eine selbstgelebte Vorzeit wieder versetzen muß."

Diese Aufzeichnungen Goethes halte ich für eines der bemerkenswerthesten Zeugnisse, welche die Geschichte der Entstehung und Ausbildung seines Faust erleuchten. Da ich an der Glaubwürdigkeit dieser Angaben, denen weder unbewußte noch absichtliche Täuschung zu Grunde liegen kann, keinen Zweifel hege, so will ich die Ergebnisse feststellen, welche unmittelbar daraus folgen.

1. „Es ist ein ander Ding, das Stück jetzt oder vor fünfzehn Jahren ausschreiben." Nach dieser Rechnung hat der Dichter im Jahre 1773 die erste und älteste Scenenreihe aufgezeichnet.

2. Das Manuscript, das er mit sich führt, „ist noch das erste, ja in den Hauptscenen gleich so ohne Concept niedergeschrieben." Mit dieser Erklärung, die mir auch den Eindruck namentlich der ersten Scenen bestätigt, wird sich eine Annahme, wie sie W. Scherer aufgestellt und durchzuführen gesucht hat, nicht vereinigen lassen: ich meine die von einem „prosaischen Faust" aus

dem Jahre 1772, woraus durch Umformung erst in den Jahren 1773 bis 1775 die ältesten Hauptscenen in der uns allein bekannten gereimten Form hervorgingen. Diese Annahme steht mit Goethes authentischer Erklärung in einem so augenscheinlichen Widerstreit, daß eine der anderen weichen und diese aus dem Wege geräumt werden muß, um jene zur Geltung zu bringen.[1]

3. Der Dichter beginnt die Fortführung seines Werkes damit, daß er „den Plan zu Faust" macht und glaubt, den Faden wiedergefunden zu haben, er muß sich jetzt in den eigenen Faust erst hineindichten, sinnend und ahndend, wie einst in den des sechszehnten Jahrhunderts. So weit hat er sich dem genialsten seiner Jugendwerke entfremdet, daß ihm die Epoche desselben wie seine eigene Vorzeit erscheint, daß er einen „Plan zu Faust" macht, daß er den Faden verloren hat und end-

---

[1] Wilhelm Scherer: Aus Goethes Frühzeit (1879). S. 99 flg. — Vgl. Eckermann: Gespräche. II. S. 63. „Der Faust entstand mit meinem Werther, und ich brachte ihn im Jahre 1775 mit nach Weimar. Ich hatte ihn auf Postpapier geschrieben und nichts davon gestrichen; denn ich hütete mich, eine Zeile niederzuschreiben, die nicht gut war und die nicht bestehen konnte." (10. Februar 1829.)

lich wiederfindet, vielmehr glaubt, denselben wiedergefunden zu haben! Er ist nicht mehr im Elemente seiner Dichtung, er macht den Versuch, in dieses Element zurückzukehren. Dies alles sagt uns der Dichter selbst; wir hören und merken uns genau, was er sagt.

4. Die Fortdichtung beginnt. „Ich habe schon eine neue Scene ausgeführt, und wenn ich das Papier räuchere, so soll sie mir niemand aus den alten herausfinden." An einem der schönsten Orte Roms, in dem Garten der Villa Borghese, hat Goethe eine Scene des Faust gedichtet. Niemand würde aus diesem Orte diese Scene errathen: es war die Hexenküche, wie Goethe ausdrücklich in einem Gespräche mit Eckermann vom 10. April 1829 berichtigend bemerkt hat, als dieser glaubte, jene Scene sei im Farnesischen Garten entstanden.[1]

Noch eine zweite Scene, die zu den herrlichsten unserer Dichtung und auch, was die kritische Untersuchung betrifft, zu den wichtigsten gehört, ist während des Aufenthaltes in Italien, sicherlich nicht früher entstanden: Fausts Monolog mit

---

[1] J. P. Eckermann: Gespräche mit Goethe. 4. Aufl. (Leipzig 1876.) Th. II. S. 91.

der Ueberschrift: „Wald und Höhle". Die reim=
losen fünffüßigen Jamben einerseits und die von
der Idee der Einheit alles Naturlebens durch=
drungene und entzückte Weltanschauung, welche
der Monolog ausspricht, andererseits haben ge=
wisse Voraussetzungen, die sich während der
italienischen Reise erfüllten: jene die Umbildung
der Iphigenie, diese die Ansicht von der Pflanzen=
metamorphose, die sich Goethen in der Betracht=
ung der mannichfaltigen Gebilde, welche die Gär=
ten von Padua und Palermo ihm darboten, be=
stätigen sollte. Dazu kommt, was später genau zu
erörtern ist: der eigenthümliche Zusammenhang
zwischen diesem Monolog und der ältesten
Dichtung.

Goethe spricht bloß von einer Scene, die in
der letzten Februarwoche 1788 gedichtet wurde.
Ist diese Scene der Monolog, wie Scherer ver=
muthet, indem er jenen sachlichen Zusammen=
hang hervorhebt, oder die Hexenküche? „Wenn
ich das Papier räuchere, so soll sie mir niemand
aus den alten herausfinden." Wäre diese Scene
der Monolog, so würde sie, wie mir scheint,
durch den Formunterschied sogleich kenntlich sein.

4*

Nun bezieht sich der Monolog noch dazu auf die Hexenküche zurück, denn die Worte: „Er facht in meiner Brust ein wildes Feuer nach jenem schönen Bild geschäftig an", können schon um dieses Ausdruckes willen nicht auf Gretchen, sondern nur auf das Frauenbild im Zauberspiegel der Hexenküche bezogen werden. Auf Grund dieser Angaben scheint es, daß Goethe in den ersten Monaten des Jahres 1788 in Rom erst die Hexenküche und dann in einem der glücklichsten Momente, den ihm die Muse verliehen, den Monolog „Wald und Höhle" gedichtet hat. Und vielleicht giebt es noch eine dritte Scene, die in den Codex der alten Dichtung ebenso gut paßt, wenn nicht besser, als die Hexenküche. Doch müssen wir warten, ob zur Auffindung derselben sich eine urkundliche Handhabe bietet.

Zweites Capitel.
Die alte Dichtung. Der Urfauſt und das Fragment.

I. Der Urfauſt.

Um die Entſtehungsgeſchichte des goetheſchen Fauſt urkundlich beurtheilen zu können, müßten uns jene älteſten Aufzeichnungen erhalten ſein, die Goethe nach Weimar mitgebracht, elf Jahre ſpäter nach Italien mitgenommen und in der Erzählung ſeiner italieniſchen Reiſe unter dem 1. März 1788 mit einem „alten Codex" verglichen hat. Daß derſelbe zu den im Archiv aufbewahrten Schriftſtücken nicht gehörte, war ſchon vor der Eröffnung des letzteren bekannt. Wahrſcheinlich hat Goethe gleich nach der Fauſtausgabe im Jahre 1816 jenen Fauſtcodex zerſtört, um die Entſtehung dieſes Werkes den Augen der Welt für immer zu verbergen.

Nun aber iſt in jüngſter Zeit durch den glücklichen und überraſchenden Fund, welchen Erich Schmidt in dem Nachlaß des Fräuleins Luiſe von Göchhauſen, der bekannten Hofdame der Herzogin

Amalia, gemacht hat, eine Abschrift des Gedichts in seiner ältesten Form zu Tage gefördert worden, die jetzt — faute de mieux — der Urfaust heißt.[1] Einige Hypothesen, welche nie hätten gemacht werden sollen, wie Scherers hyperkritische von einem „Prosafaust", und Düntzers völlig kritiklose, nach welcher eine der augenscheinlich frühesten Scenen: „Trüber Tag, Feld", erst im Jahre 1806 entstanden sein soll (dreiunddreißig Jahre nach ihrer Geburt!), ist nunmehr urkundlich und für immer widerlegt. Von den einundzwanzig Scenen, welche der Herausgeber zählt,[2] sind nur drei in Prosa verfaßt: „Auerbachs Keller" mit Ausnahme des Anfangs und (wie sich von selbst versteht) der Lieder, „Trüber Tag, Feld" und die Kerkerscene.

1. Die Aufzeichnung des Gedichts in seiner ältesten Form fällt in die drei letzten Jahre der frankfurter Zeit (1773—1775). Aus der Combination gegebener Thatsachen läßt sich mit Sicherheit schließen, daß die drei ersten Scenen, Fausts

---

[1] Goethes Faust in ursprünglicher Gestalt, nach der Göchhausenschen Abschrift, herausgegeben von Erich Schmidt. (Weimar, Böhlau.)

[2] Ebendas. Einleitung S. XXV—XXVIII.

Monolog, die Erscheinung des Erdgeistes, das Gespräch mit dem Famulus, auch die frühesten sind; daß die Scene in Auerbachs Keller schon gedichtet war, als Goethe nach der Schweiz reiste und in fröhlichster Stimmung auf dem Züricher See seiner lustigen Gesellen gedachte: „Ohne Wein kann's uns auf Erden nimmer wie dreihundert werden" (15. Juni 1775); daß nach der Rückkehr das Rattenlied entstand und in jene Scene eingefügt wurde (17. September 1775); daß auch die Hauptscenen der Gretchentragödie mit Einschluß der letzten vor dem Frühjahr 1775 vollendet sein mußten, da Leopold Wagner dieselben kannte, und Goethe im April 1775 den Verkehr mit ihm abbrach.

Nimmt man dazu, was aus gleichzeitigen Angaben erhellt, wie aus Boies Notizen vom 15. October 1774 (dem Goethe sein Stück vorgelesen hatte), aus Knebels Brief an Bertuch vom 23. December 1774 u. a., so ist nicht zu zweifeln, daß die Gretchentragödie ihrem ganzen Umfange nach zu den ältesten Bestandtheilen der Dichtung gehörte.

2. Während des ersten Jahrzehnts der weimarschen Zeit (1776—1786) ist, so weit wir zu sehen vermögen, die Ausarbeitung des Gedichtes über

den Bestand des Urfaust hinaus nicht gefördert worden, was sich aus dem Lebensgange und den Schicksalen Goethes, aus seinen geschäftlichen Aufgaben und seinen neuen dichterischen Entwürfen und Werken auch zur Genüge erklärt. Unter den zum Urfaust gehörigen Scenen waren, wie ich überzeugt bin und bleibe, auch diejenigen skizzirt, welche später im „Spaziergang vor dem Thor" ausgeführt worden sind. Es geht die Sage, daß schon Boie dieselben gekannt und in einem Briefe davon geredet habe. Indessen bedarf ich zu meiner Ansicht nicht äußerer Zeugnisse, sondern stütze mich, wie ich im Schlußcapitel dieses Buches näher nachweisen werde, auf den Plan und Charakter der alten Dichtung selbst.

3. In Rom (1788) ist die Hexenküche, der Monolog „Wald und Höhle" gedichtet und wie ich jetzt, nach der Erscheinung des Urfaust, annehme, auch das Gespräch zwischen Faust und Mephistopheles ausgestaltet worden, das den eben erwähnten Monolog mit der Gretchentragödie verknüpfen und in dieselbe einführen sollte. „Ich habe schon eine neue Scene gedichtet", schreibt Goethe, „und wenn ich das Papier räuchere, so

dächte ich, sollte sie mir niemand aus den alten herausfinden." Diese Scene, wie schon gesagt, kann unmöglich der Monolog in „Wald und Höhle" sein, dessen Ursprung aus der römischen Epoche sich nicht wegräuchern läßt; ich bin verwundert, daß einige unserer Goethephilologen der Räucherung eine solche Kraft zugetraut haben. Vor der Erscheinung des Urfaust hatte ich die Hexenküche für die fragliche Scene gehalten, jetzt aber glaube ich, daß die Ausführung und Umgestaltung jenes Zwiegesprächs gemeint ist, das aus der frankfurter Zeit herrührt und zum Theil schon im „Codex" enthalten war.[1]

Nach der Rückkehr von der italienischen Reise bestand in den Jahren 1788—1790 Goethes Arbeit am Faust nicht in der Fortbildung, sondern in der poetischen und künstlerischen Ausbildung des vorhandenen Werks. Sein in der römischen Epoche gereiftes Kunst- und Formgefühl forderte die durchgängige Einführung der gebundenen Rede, die Veredlung des Ausdrucks, um die Natürlichkeit der Empfindungen nicht etwa zu

---

[1] Urfaust S. 79 flg. Vergl. meine Schrift über „Die Erklärungsarten des Goetheschen Faust". (Heidelberg.) S. 53 bis 56.

beeinträchtigen, sondern vielmehr zu vereinfachen und zu klären, endlich, wo es noth that, eine der Veredlung der Sprache gemäße Hebung der Vorstellungen und Ideen, die namentlich in dem Schülergespräch einen so gemeinen und niedrigen realistischen Charakter zur Schau trugen, daß der Eindruck der ganzen Scene zuletzt langweilig und unerträglich ausfiel.

Wenn man das Schülergespräch im Urfaust liest und nun sieht, was Goethe daraus gemacht hat, bevor er die Scene aus seiner Werkstätte an das Licht der Welt hervortreten ließ, so muß man über diese künstlerische Wiedergeburt in höchstem Maße erstaunen. Erst jetzt ist das Schülergespräch die interessante, geistreiche und ideenvolle Scene geworden, die auf jedermann seit mehr als einem Jahrhundert ihre unverwelklichen Eindrücke ausgeübt hat.

Die Scenen in „Auerbachs Keller" wurden versificirt, wodurch ihr ergötzlicher Eindruck erst zur vollen Stärke und Geltung gelangte. Auch war es nun aus guten Gründen nicht mehr Faust, sondern Mephistopheles, der die Zauberposse agirte.[1]

---

[1] S. oben Buch I. Cap. V. S. 94 flg. Cap. VI. S. 132 bis 135.

Die beiden anderen Scenen in Prosa, näm=
lich „Trüber Tag" und die im „Kerker", hat
Goethe nicht in die Form der Verse umzugestalten
vermocht, die zweite noch nicht, die erste nie:
daher blieben beide von der ersten Ausgabe des
Faust ausgeschlossen und erschienen erst achtzehn
Jahre später. Auch der Monolog Valentins
wurde in das Fragment nicht aufgenommen, da
der Zweikampf und die Ermordung noch nicht
ausgeführt waren.

II. Das Fragment.

Den 18. Juni 1788 war Goethe von seiner
italienischen Reise nach Weimar zurückgekehrt.
Iphigenie und Egmont waren erschienen, Faust
und Tasso noch unvollendet, jener wurde im Juli
des folgenden Jahres zu Ende geführt und erschien
im sechsten Band der ersten Gesammtausgabe, die
seit 1787 bei Göschen in Leipzig herauskam. An
einen Abschluß des Faust war nicht zu denken.

Mit dem „Fragment", welches im siebenten
Bande erschien (1790), endet in der Entwickel=
ungsgeschichte unseres Werkes die erste Periode,
die in ihrem weitesten Umfange zwanzig Jahre

umfaßt (1770—1790), denn die ersten Ursprünge reichen bis in die straßburger Epoche.

Die Bestandtheile des Fragmentes sind:

1. Fausts erster Monolog, die Erscheinung des Erdgeistes, das Gespräch mit dem Famulus. Hierauf folgt eine große Lücke, deren spätere Ausfüllung 1163 Verse betrug.

2. Erst gegen Ende der zweiten Unterredung zwischen Faust und Mephistopheles beginnt der Text von neuem, mitten in der Rede des Faust, der fortfährt: „Und was der ganzen Menschheit zugetheilt ist, will ich in meinem innern Selbst genießen" u. s. w. Nach dieser Unterredung folgt der kleine Monolog des Mephistopheles: „Verachte nur Vernunft und Wissenschaft" u. s. w. Darauf das Gespräch mit dem Schüler, die Vorbereitung zur Weltfahrt, Auerbachs Keller, die Hexenküche.

3. Die Gretchentragödie bis zu der Scene im Dom, welche mit den Worten: „Nachbarin! Euer Fläschchen!" und mit Gretchens Ohnmacht schließt.[1]

---

[1] Das Fragment zählt 17 Scenen und 2133 Verse; es ist dem Umfange nach etwas größer als der Urfaust und ungefähr die Hälfte des ersten Theils. Der Urfaust in Erich Schmidts Ausgabe zählt 1441 Verse und 387 Zeilen in Prosa, also im Ganzen 1828 Zeilen; der erste Theil in G. v. Loepers Ausgabe zählt 4252 Verse und 57 Zeilen, in der Sophienausgabe 4612 Verse und 81 Zeilen.

III. Der Urfaust und die Ausgaben des Faust.

1. Der Urfaust und das Fragment.

Mit dem Urfaust verglichen, hat das Fragment folgende Stücke nicht in sich aufgenommen: Valentins Monolog, die Scene „Trüber Tag, Feld", die kurze, der Lenore Bürgers (1774) nachgebildete Nachtscene „Nacht. Offenes Feld", wo Faust und Mephistopheles auf schwarzen Pferden daherbrausen, am Rabensteine vorüber, endlich die Kerkerscene.

In der Domscene ist die Bezeichnung des Todtenamts als „Exequien der Mutter Gretchens" weggeblieben. In der Kerkerscene fehlt die Stimme von oben: „Ist gerettet!"

Dagegen enthält das Fragment in vollendeter Umgestaltung und Ausführung die Schülerscene, Auerbachs Keller und jenes Zwiegespräch zwischen Faust und Mephistopheles, welches die Vernichtung Gretchens herbeiführt und beschleunigt. Was dieses Gespräch betrifft, so unterscheidet sich das Fragment vom Urfaust nicht bloß durch die Ausführung, sondern auch durch die Stellung. Im Urfaust besteht es aus 28 Versen, im Fragment aus 123; im Urfaust bildet es ein Glied in der

Gruppe der Valentinscenen, es folgt auf Valentins Monolog, findet in der Nähe der Sakristei statt und soll zum Zweikampf hinführen; im Fragment bildet es ein Glied in der Gruppe der Gretchenscenen, es folgt auf Fausts Monolog „Wald und Höhle" und hat die Absicht, ihn zur Rückkehr zu treiben, damit er Schuld auf Schuld häufe.

Zu diesem Zweck aber mußte das Gespräch, wie es im Urfaust zu lesen steht (V. 1378—1435), in seine Bestandtheile aufgelöst und in zwei von einander völlig gesonderten Theilen ausgeführt werden. So weit das Gespräch die Nähe der Sakristei fordert, indem es ausdrücklich auf diese hinweist, gehört es in die Gruppe der Valentinscenen, auf den Schauplatz des Zweikampfes und kann von dieser Stelle nicht weggerückt werden. Dies gilt hier von den ersten zehn Versen. Da nun keine Valentinscene in das Fragment aufgenommen werden konnte, so mußte dieses erste Stück des Gesprächs, das mit den Worten: „Wie vor dem Fenster dort der Sakristei" beginnt, ausgeschlossen werden und die Ausführung desselben dem ersten Theile vorbehalten bleiben.

Das folgende Stück des Gesprächs (V. 1408

bis 1435), das mit den Worten anhebt: „Nur frisch dann zu! Es ist ein Jammer, ihr geht nach eures Liebchens Kammer, als gingt ihr in den Tod", hat Goethe abgezweigt und in voller Ausführung auf den Monolog „Wald und Höhle" folgen lassen.

Zwischen dem Urfaust und dem Fragment liegt die römische Epoche, aus welcher die Hexenküche, der eben erwähnte Monolog und, wie ich glaube, die Ausführung und Umgestaltung der genannten Verse hervorging. Es ist nicht nothwendig, daß diese Scene von ältester Anlage später zur Ausführung kam als jener Monolog.

2. Vergleichung beider mit dem ersten Theil.

Vergleichen wir den Urfaust und das Fragment mit dem ersten Theil, so will ich vorausblickend hier einige der Differenzen hervorheben, welche für den Fortgang und die Entwickelungsstadien der Dichtung höchst charakteristisch sind:

1. Im Urfaust wie im Fragment endet das Gespräch zwischen Faust und dem Famulus mit den Worten des letzteren:

Ich hätte gern bis morgen früh gewacht,
Um so gelehrt mit euch mich zu besprechen.

Im ersten Theil heißt es:

> Ich hätte gern nur immer fortgewacht,
> Um so gelehrt mit euch mich zu besprechen.
> Doch morgen, als am ersten Ostertage,
> Erlaubt mir ein und andre Frage! u. s. w.

Hieraus erhellt, daß Goethe zur Zeit des Fragments noch nicht die Absicht gehabt hat, die Osterscenen zu dichten, die durch Fausts zweiten Monolog und dessen Grundstimmung erst motivirt werden.

Wohl aber war Goethe schon damals gewillt, in der Gemüthsstimmung Fausts einen Moment herbeizuführen, in welchem sich derselbe zu freiwilligem Tode entschließen sollte; sonst würde er den Mephistopheles in jenem Zwiegespräch nicht haben sagen lassen:

> Und wär' ich nicht, so wärst du schon
> Von diesem Erdball abspaziert.

2. Da die Ermordung Valentins im Urfaust wie im Fragment zwar geplant, aber nicht ausgeführt war, was im ersten Theile geschah, so konnte auch in der Domscene erst hier der böse Geist den Tod des Bruders dem Gewissen Gretchens auflasten, daher erst hier die Worte stehen: „Auf deiner Schwelle wessen Blut?" Diese Worte mußten im Urfaust wie im Fragment fehlen.

Aus demselben Grunde konnte in der Scene „Trüber Tag, Feld" Mephistopheles erst hier sagen: „Wisse, noch liegt auf der Stadt Blutschuld von deiner Hand. Ueber des Erschlagenen Stätte schweben rächende Geister und lauern auf den wiederkehrenden Mörder". Diese Worte mußten im Urfaust fehlen; im Fragment fehlt die ganze Scene.

Goethe hat sie im Jahre 1806 eines Morgens Riemern in die Feder dictirt und zuerst den 5. Mai 1808 im Morgenblatt veröffentlicht; noch in demselben Jahre erschien sie im ersten Theil. Scherer hat auf ihre Stilverwandtschaft mit „Gottfried von Berlichingen" (1771) hingewiesen und daraus ihre Abfassung im Jahre 1772 erschließen wollen. Die Parallele ist einleuchtend, der Schluß aber unsicher, denn die „Stilwechsel" haben fließende Grenzen. Auch haben wir außer Goethes eigenem Zeugniß noch wichtige Gründe genug zu der Annahme, daß die frühesten Aufzeichnungen des Faust im Jahre 1773 begonnen haben.[1]

Auch abgesehen vom Urfaust, läßt sich aus dem Fragment, für sich genommen, obwohl es keine

---

[1] Siehe oben Cap. I.

Valentinscene enthält, doch die Absicht des Dichters erkennen, den Bruder Gretchens in die Tragödie einzuführen. Goethe weiß seine Motive stets auf die natürlichste Art vorzubereiten und anzukündigen; er würde Gretchen nicht haben sagen lassen: „Mein Bruder ist Soldat", wenn er diesen Bruder nicht schon in petto gehabt hätte. Ein Bruder, der die zu Grunde gerichtete Schwester an ihrem Verderber rächt, wie Laertes, Beaumarchais u. a., ist eine dem tragischen Ideenkreise Goethes viel zu vertraute Figur, um im Faust fehlen zu können.

3. Im Urfaust findet sich von der Walpurgisnacht noch keine Spur; im Fragment dagegen ist sie angedeutet, und zwar so, daß sich dieselbe unverkennbar in der Ferne zeigt; sonst würde Goethe in der Hexenküche den Mephistopheles zur Hexe nicht haben sagen lassen:

Und kann ich dir was zu Gefallen thun,
So darfst du mir's nur auf Walpurgis sagen.

Wahrscheinlich datirt dieser wohlbedachte Plan schon von Goethes erster Harzreise (1777), aber seit dem Fragment hat es noch ein Jahrzehnt gedauert, bis derselbe in der Reinschrift ausgeführt war.

Drittes Capitel.

Die neue Dichtung. Die Fausttragödie. Der erste Theil

I. Die Wiederaufnahme des Gedichtes.

1. Die Einwirkung Schillers.

Wir nähern uns in der Entwickelungsgeschichte des goetheschen Faust einer ähnlichen Krisis, als diejenige war, welche vor ihm die Volksdichtung vom Faust in und durch Lessing erlebt hat. Nach einer Reihe von Jahren hat Goethe versucht, seine alte Dichtung fortzuführen und zu vollenden, er hat in das Element derselben zurückkehren wollen und einen Augenblick auch geglaubt, wieder in diesem Elemente zu sein. Der Versuch mißlang, der Geist der alten Dichtung wirkte in ihm nicht mehr fort und ließ sich nicht künstlich wiederbeleben. Was beide trennte, das Werk und den Dichter, war die Kluft der Jahre, der Abstand der Lebensanschauung des jungen Goethe von der des vierzigjährigen Mannes. Dazwischen lag die weimarsche Zeit und der Aufenthalt in Italien. Jene alte Dichtung war

der gewaltigſte und feurigſte Erguß der Sturm-
und Drangzeit; dieſer Epoche hatte ſich Goethe mit
jedem Lebensſchritte mehr entfremdet, die Entfremdung ſtieg bis zur Abneigung, ja bis zum
Widerwillen, als die ungeheuerliche Fluth zum
zweiten male in den achtziger Jahren mit Schiller
hereinbrach. Den Fauſt wiederaufleben zu laſſen,
gab es nur ein einziges Mittel: eine Erneuerung
von Grund aus, eine Umbildung des Planes, welche
ohne Nachahmung in den Weg einlenken mußte, den
ſchon Leſſing ergriffen. Aber der Anſtoß dazu kam
nicht aus Goethe ſelbſt; ſo entſchieden war damals
ſeine Abwendung von dieſem Gedicht. Auch erfüllten ihn Gegenſtände anderer Art, Geſchäfte,
wiſſenſchaftliche Studien, poetiſche Arbeiten: er
übernahm die Leitung des Hoftheaters, begleitete
den Herzog auf dem Feldzuge in Frankreich und bei
der Belagerung von Mainz, er lebte in botaniſchen,
optiſchen, anatomiſchen Studien. Nach den römi-
ſchen Elegien folgten die epiſchen Dichtungen:
Reineke Fuchs, Wilhelm Meiſters Lehrjahre, Hermann und Dorothea. Er faßte den Plan eines
großen Epos Wilhelm Tell, welches die Frucht
ſeiner dritten Schweizerreiſe ſein ſollte.

Die erste Mahnung an den verlassenen Faust kam von dem Dichter, welcher als der gewaltigste Epigone jener Sturm- und Drangzeit erschien, auf die Goethe schon zurück- und herabblickte, als auf einen „Dunst- und Nebelweg". Dem Dichter der Iphigenie und des Tasso mußten Schillers Jugendwerke, Dichtungen, wie die Räuber und Fiesco, als der gewaltsame Rückfall in eine Gährung erscheinen, welche in seiner eigenen Entwickelung ausgelebt und überwunden war. In der Entfremdung, die er seinem Faust gegenüber empfand, waren einige derselben Motive wirksam, welche die Kluft zwischen ihm und Schiller ausmachten. Diese Kluft mußte sich ebnen. Goethe war vom Egmont zu den Dichtungen der Iphigenie und des Tasso fortgeschritten, Schiller war schon auf dem Wege vom Don Carlos zum Wallenstein. Hier mußte die geistige Annäherung stattfinden, die persönliche gab sich von selbst, aus der ein Verhältniß der seltensten und reinsten Art hervorging, ein Bund persönlicher Freundschaft gegenseitiger Förderung, gemeinsamen Schaffens: es war das letzte Jahrzehnt im Leben Schillers! Mit einer Fülle dankbarer und verklärender Erinnerungen hat Goethe in seinem

herrlichen Epilog zur Glocke diese Zeit und das
Gedächtniß des erhabenen Freundes gefeiert:

> Denn er war unser! Wie bequem gesellig
> Den hohen Mann der gute Tag gezeigt,
> Wie bald sein Ernst, anschließend, wohlgefällig
> Zur Wechselrede heiter sich geneigt,
> Bald raschgewandt, geistreich und sicherstellig,
> Der Lebenspläne tiefen Sinn erzeugt,
> Und fruchtbar sich in Rath und That ergossen:
> Das haben wir erfahren und genossen!

Dieser Dichter war es, der Goethen an seinen Faust mahnte und zur Wiederbelebung desselben antrieb.

In der Absicht auf eine gemeinsame litterarische Thätigkeit war die erste Annäherung von seiten Schillers durch die Einladung zu den Horen im Juni 1794 erfolgt. Goethe hatte sie gleich und herzlich erwidert. In wenigen Monaten waren beide Männer einander so nahe getreten, daß Schiller schon den 29. November 1794 die Rede auf den Faust brachte und einen freimüthigen Wunsch daran knüpfte. „Mit wahrer Sehnsucht würde ich die Bruchstücke von Ihrem Faust, die noch ungedruckt sind, lesen; denn ich gestehe Ihnen, daß mir das, was ich von diesen Stücken gelesen, der Torso des Herkules ist. Es herrscht in diesen Scenen eine

Kraft und eine Fülle des Genies, die den ersten Meister unverkennbar zeigt, und ich möchte diese große und kühne Natur, die darin athmet, so weit als möglich verfolgen." Wie einst Lessing das alte deutsche Volksschauspiel vom Faust empfunden hat: „Es sind Scenen darin, die nur ein shakespeare= sches Genie zu denken vermögend gewesen" — so empfindet jetzt Schiller den goetheschen Faust. Wenige Tage später, den 2. December, antwortet Goethe: „Vom Faust kann ich jetzt nichts mittheil= en; ich wage nicht, das Packet aufzuschnüren, das ihn gefangen hält. Ich könnte nicht abschreiben, ohne auszuarbeiten, und dazu fühle ich in mir keinen Muth. Kann mich künftig etwas dazu ver= mögen, so ist es gewiß Ihre Theilnahme."[1]

Es scheint, daß Goethe noch vor Jahresschluß den Freund in Jena gesehen und ihm einige Scenen aus dem Faust vorgelesen hat. Den 2. Januar 1795 schreibt Schiller: „Möchten Sie uns doch einige Scenen aus dem Faust noch zu hören geben. Ich wüßte nicht, was mir in der ganzen dichter= ischen Welt jetzt mehr Freude machen könnte". Im

---

[1] Briefwechsel zwischen Goethe und Schiller (3. Aus= gabe 1870). Nr. 26, 27.

August dieses Jahres verspricht Goethe für das Decemberheft der Horen „Etwas von Faust", und Schiller wiederholt an demselben Tage, den 17. August, seine „Fürbitte wegen Faust". „Lassen Sie es auch nur eine Scene von zwei oder drei Seiten sein." Aber das Werk rückt nicht von der Stelle. Es will dem Dichter nicht gelingen, es wieder in Fluß zu bringen und seine Bestandtheile zu vereinigen. Kaum hat er „Etwas von Faust" versprochen, so fügt er gleich hinzu: „Mit diesem letzten geht mir's, wie mit einem Pulver, das sich aus seiner Auflösung nun einmal niedergesetzt hat; so lange Sie daran rütteln, scheint es sich wieder zu vereinigen; sobald ich wieder für mich bin, setzt es sich nach und nach zu Boden".[1]

2. Die Epoche der Erneuerung.

Endlich kommt eine dem Faust günstige Stimmung, sie erwacht unter den Dichtungen, worin die beiden Freunde für den Musenalmanach des Jahres 1798 wetteifern. „Ich habe mich entschlossen", schreibt Goethe den 22. Juni 1797, „an meinen Faust zu gehen und ihn, wo nicht zu vollenden,

---

[1] Ebendas. Nr. 88, 89. S. 80 und 82.

doch wenigstens um ein gutes Theil weiter zu bringen, indem ich das, was gedruckt ist, wieder auflöse und mit dem, was schon fertig oder erfunden ist, in große Massen disponire und so die Ausführung des Planes, der eigentlich nur eine Idee ist, näher vorbereite. Nun habe ich eben diese Idee und deren Darstellung wieder vorgenommen und bin mit mir selbst ziemlich einig. Nun wünschte ich aber, daß Sie die Güte hätten, die Sache einmal in schlafloser Nacht durchzudenken, mir die Forderungen, die Sie an das Ganze machen würden, vorzulegen und so mir meine eigenen Träume als ein wahrer Prophet zu erzählen und zu deuten."
„Unser Balladenstudium hat mich wieder auf diesen Dunst- und Nebelweg gebracht." Eingehend antwortet Schiller schon am nächsten Tage: „Ich will Ihren Faden aufzufinden suchen, und wenn auch das nicht geht, so will ich mir einbilden, als ob ich die Fragmente von Faust zufällig fände und sie auszuführen hätte. So viel bemerke ich hier nur, daß der Faust, das Stück nämlich, bei aller seiner dichterischen Individualität die Forderung an eine symbolische Bedeutsamkeit nicht ganz von sich weisen kann, wie auch wahrscheinlich Ihre eigene Idee

ist." "Weil die Fabel ins Grelle und Formlose geht und gehen muß, so will man nicht bei dem Gegenstande stille stehen, sondern von ihm zu Ideen geleitet werden. Kurz, die Anforderungen an den Faust sind zugleich philosophisch und poetisch, und Sie mögen sich wenden, wie Sie wollen, so wird Ihnen die Natur des Gegenstandes eine philosophische Behandlung auflegen und die Einbildungskraft wird sich zum Dienst einer Vernunftidee bequemen müssen. Aber ich sage Ihnen schwerlich damit etwas Neues. Denn Sie haben diese Forderung in dem, was bereits da ist, schon in hohem Grade zu befriedigen angefangen. Wenn Sie wirklich an den Faust gehen, so zweifle ich auch nicht mehr an seiner völligen Ausführung, welches mich sehr freut."

Schiller erkannte sehr wohl die Aufgaben, die zu lösen, und die Schwierigkeiten, welche hier zu überwinden waren. "Den Faust habe ich nun wieder gelesen", schrieb er den 26. Juni 1797, "und mir schwindelt ordentlich vor der Auflösung." "Was mich daran ängstigt, ist, daß mir der Faust seiner Anlage nach auch eine Totalität der Materie nach zu erfordern scheint, wenn am Ende die Idee ausgeführt erscheinen soll, und für eine so hoch aufquellende Masse finde ich keinen poetischen Reif, der sie zusammenhält. Nun, Sie werden sich schon zu helfen wissen. Zum Beispiel: es gehörte sich meines Bedünkens, daß der Faust in das handelnde Leben geführt würde, und welches Stück Sie auch aus dieser Masse erwählen, so scheint es mir immer durch seine Natur eine zu große Umständlichkeit und Breite zu fordern."[1]

Goethe hatte seinen Plan, den er „eigentlich nur eine Idee" nannte und vor dem Freunde geheim hielt. Nun sollte dieser, ohne den Plan zu kennen, die Forderungen aussprechen, welche er von sich aus an den Faust als Ganzes stellte. Schiller fordert eine solche dichterische und philosophische Behandlung der alten und rohen Volksfabel, daß dieselbe, wie er sich kantisch ausdrückte, zur Darstellung einer „Vernunftidee" diente, was so viel hieß als den Faust zum Träger der höchsten Bestrebungen und Ziele der Menschheit machen. Daraus ergab sich von selbst, daß Faust auch in das praktische Weltleben einzuführen sei, daß die darzustellende Handlung den Charakter „symbolischer

---

[1] Ebendas. Nr. 330, 331, 333.

Bedeutsamkeit" annehmen und die Dichtung einen weltumfassenden Stoff bemeistern müsse, von dem sich nicht absehen lasse, wie er in die Form einer gerundeten Composition gebracht werden könne.

Dies alles waren treffende Bemerkungen, aber sehr unbestimmte und keineswegs eingehende oder hülfreiche Rathschläge. Schiller wußte es wohl. Als er seine Ansicht über die Aufgabe der Dichtung geäußert hatte, fügte er gleich hinzu: „Aber ich sage Ihnen damit schwerlich etwas Neues". Und was die Schwierigkeiten betraf, so war ihm Goethe der Mann, sie zu besiegen. „Nun, Sie werden sich schon zu helfen wissen." Oder wie er an einer späteren Stelle sich ausdrückt: „Sie müssen also in Ihrem Faust überall Ihr Faustrecht behaupten".[1]

Man kann die fruchtbare Wechselwirkung in dem Verkehr der beiden Dichter und die mächtigen Anregungen, welche daraus auch für die Wiederbelebung des Faust hervorgingen, nicht hoch genug anschlagen. „Schillers Theilnahme", sagt Goethe in seinen Annalen, „nenne ich zuletzt: sie war die innigste und höchste."[2] Indessen muß man sich

---

[1] Ebendas. Nr. 764 (13. Sept. 1800).
[2] Tages- und Jahreshefte 1795. Bd. 21. S. 33.

hüten, den Einfluß Schillers zu überschätzen; er hat eine bestimmende Einwirkung auf die neue Gestaltung des Gedichtes, sei es im Ganzen oder in Ansehung einzelner Scenen, schon darum nicht ausüben können, weil er in den eigentlichen Plan und Ideengang, der Goethen in der Erneuerung seines Faust leitete, uneingeweiht blieb.

Die letzte Juniwoche des Jahres 1797 scheint in der Geschichte unserer Dichtung nicht bloß so reichhaltig gewesen zu sein, wie neun Jahre zuvor die letzte Februarwoche in Rom, sondern geradezu epochemachend. In jenen Tagen entstand die herrliche Trilogie, welche die Fausttragödie eröffnen sollte: die Zueignung, das Vorspiel auf dem Theater und der Prolog im Himmel. Die Wiederbelebung des alten Jugendwerkes war das Thema der Zueignung; der Gegensatz zwischen dem Genius des Dichters und den Interessen des Theaterpublikums, welche der Director und die lustige Person zu vertreten haben, war das des Vorspiels; der Prolog enthielt und gab in dichterischer Ausführung die Idee, welche die gesammte Fausttragödie bewegen und durchdringen sollte. In ihm lag die Epoche des „wiederaufgelebten Faust", wodurch das Ge=

dicht zur divina commedia wurde. Welchen Eindruck würden diese Dichtungen, die zum Schönsten und Erhabensten gehören, was menschliche Phantasie und Sprache geschaffen hat, auf Schiller gemacht haben, wenn er sie kennen gelernt hätte! Es giebt vielleicht kein stärkeres Zeugniß, bis zu welchem Grade der Verschlossenheit Goethe seine im Werden begriffenen Schöpfungen geheim hielt, als daß er, mitten im fruchtbarsten Ideenaustausch mit Schiller, diesem Freunde diese Dichtungen verbergen konnte. „Es war ganz gegen meine Natur", sagte er einmal zu Eckermann, „über das, was ich von poetischen Planen vorhatte, mit irgendjemand zu reden, selbst nicht mit Schiller. Ich trug alles still mit mir herum, und niemand erfuhr in der Regel etwas, als bis es vollendet war. Als ich Schillern meinen ‚Hermann und Dorothea' fertig vorlegte, war er verwundert, denn ich hatte ihm vorher mit keiner Silbe gesagt, daß ich dergleichen vorhatte."[1]

Wenn man in dem Briefwechsel der beiden Dichter Goethes Mittheilungen über den Faust

---

[1] Gespräche mit Goethe. Bd. I. S. 62 (den 14. November 1823).

während der Tage vom 22. Juni bis 1. Juli 1797 mit aufmerksamem und unterrichtetem Blicke verfolgt, so ist wohl zu erkennen, daß viel und Bedeutendes in jener kurzen Zeit geschehen ist und in der stillen Werkstatt des Dichters verborgen ruht; daß er dem Freunde nicht bloß verschweigt, welche Geburten eben jetzt aus seinem Haupte entsprungen sind, sondern bestrebt ist, dieselben zu maskiren, geringfügig hinzustellen, als eine Art Zeitvertreib aus Mangel des Besseren. Das Bessere wäre ihm die mit Meyer beabsichtigte Reise nach Italien gewesen, die auf Hindernisse stieß und unterblieb. Nun ist die Beschäftigung mit dem Faust eine Art Nothbehelf. „Daß ich jetzt dieses Werk angegriffen habe, ist eigentlich eine Klugheitssache. Ich mag durch Unmuth über fehlgeschlagene Hoffnung weder mir noch meinen Freunden lästig sein und bereite mir einen Rückzug in diese Symbol-, Ideen- und Nebelwelt mit Lust und Liebe vor. Ich werde nur vorerst die großen erfundenen und halbbearbeiteten Massen zu enden und mit dem, was gedruckt ist, zusammenzustellen suchen und das so lange treiben, bis sich der Kreis selbst erschöpft." So schreibt Goethe den 24. Juni. In jene Tage fiel der Besuch des von seinem vieljährigen Aufenthalt in Rom heimgekehrten Archäologen und Kunsthistorikers Emil Hirt; die Gespräche mit diesem gründlichen Kenner der antiken Baukunst ließen Goethen recht lebhaft empfinden, wie unsicher, widersprechend und gestaltlos die poetischen Baupläne waren, mit denen er sich trug. Es war die letzte Juniwoche 1797. „Meinen Faust", so schrieb Goethe den 1. Juli, „habe ich in Absicht auf Schema und Uebersicht in der Geschwindigkeit recht vorgeschoben, doch hat die deutliche Baukunst die Luftphantome bald wieder verscheucht. Es käme jetzt nur auf einen ruhigen Monat an, so sollte das Werk zu männiglicher Verwunderung und Entsetzen, wie eine große Schwammfamilie aus der Erde wachsen. Sollte aus meiner Reise nichts werden, so habe ich auf diese Possen mein einziges Vertrauen gesetzt. Ich lasse jetzt das Gedruckte wieder abschreiben, und zwar in seine Theile getrennt, da denn das Neue desto besser mit dem Alten zusammenwachsen kann."[1]

Die letzten Junitage des Jahres 1797 gehörten zu den Schöpfungstagen im Leben Goethes. Wie würde sich Schiller verwundert haben, wenn er die

---

[1] Briefwechsel Bd. I. Nr. 332, 338.   S. 309, 316.

Geburten gesehen hätte, die ihm brieflich als Glieder einer „großen Schwammfamilie" und als kurzweilige „Possen" bezeichnet wurden! Ich nehme diese Ausdrücke so, daß sie die Faustdichtung nicht etwa geringschätzend behandeln, sondern ihre jüngsten Werke verbergen, nach außen unkenntlich darstellen wollen und die Komödie der Geheimhaltung unwillkürlich bis zu einer gewissen Mystification fortführen, die ja, wie man weiß, Goethen nicht selten vergnügte.

3. Die Schwierigkeit der Composition.

Nun soll das Werk im Geiste des Prologs ausgeführt und vollendet, die neue Dichtung soll mit der alten, die theils im gedruckten Fragmente, theils in handschriftlichen Stücken vorliegt, verknüpft und in ein Ganzes verschmolzen werden. So steht die Aufgabe des goetheschen Faust seit der Mitte des Jahres 1797.

Es handelt sich um die Zusammenfügung zweier Dichtungen, die aus verschiedenen Lebensepochen stammen und heterogenen Ursprungs sind, in ein Ganzes, um die Vereinigung ungleichartiger Bestandtheile, von denen so viel feststeht, daß zwischen den ältesten und jüngsten ein Vierteljahrhundert lag, und daß kein uranfänglicher fortwirkender Plan vorhanden war, der sie zusammenhielt und durchdrang. Sonst hätte Goethe im Rückblick auf die letzte Februarwoche des Jahres 1788 nicht sagen können: „zuerst ward der Plan zu Faust gemacht", und ebensowenig in der letzten Juniwoche 1797, daß er jetzt die Ausführung des Plans „näher vorbereite". So redet man nicht von einem Plane, der seit einem Vierteljahrhundert schon in der Ausführung begriffen ist. Ich gebe nicht Vermuthungen, sondern das authentische Zeugniß des Dichters selbst: Thatsachen, die keine Versicherungen, daß es sich mit seinem Werke anders verhalte, wegreden können. Bei näherer Beleuchtung der beiden Dichtungen wird sich zeigen, daß sie nicht allein ihrer zeitlichen Entstehung, sondern auch ihrer Anlage nach grundverschieden sind.

Die Vereinigung solcher Bestandtheile war nicht bloß schwierig, sondern im Sinne einer künstlerischen, architektonischen Composition unausführbar. Auch Goethe empfand sogleich den Widerstand, welchen das alte, schon gedruckte Gedicht seiner Einfügung in das neue entgegensetzte. Mitten in der fruchtbarsten Fülle dichterischer Ideen fühlte er sich durch die Forderung, welche er selbst an ein Kunstwerk stellte, gehemmt. Als er Schillern mittheilte, daß er den Faust in Absicht auf Schema und Uebersicht in der Geschwindigkeit recht vorgeschoben habe, fügte er, von dem Vorbilde der Antike gemahnt, sogleich hinzu: „doch hat die deutliche Baukunst die Luftphantome bald wieder verscheucht". Es war in die Dichtung eine zwiespältige Doppelnatur gekommen, weshalb Goethe die Composition „barbarisch" nannte und das Werk selbst einem „Tragelaphen" (Bockhirsch) verglich. Nach seiner Rückkehr aus der Schweiz schrieb er dem Freunde: „Halten Sie sich ja zu Ihrem Wallenstein, ich werde wohl zunächst an meinen Faust gehen, theils um diesen Tragelaphen loszuwerden, theils um mich zu einer höheren und reineren Stimmung vielleicht zum Tell vorzubereiten."[1]

Man muß sich Goethen den Künstler vergegenwärtigen, den größten epischen Dichter seit Homer, der eben von einer der vollkommensten Compositionen, die es giebt, herkommt, von Hermann und Dorothea, der schon den Plan des Tell

---

[1] Ebendas. Nr. 334, 338, 390. (Briefe vom 27. Juni, 1. Juli, 6. December 1797.)

gefaßt hat, eines Epos, das nur ihm gelingen konnte, gelungen wäre, — und der sich jetzt in eine Dichtung verstrickt sieht, die ihn nicht losläßt, die jede einstimmige Composition unmöglich macht, aus der nie ein Kunstwerk in dem Sinne werden kann, wie er es verlangt, ein ihm homogenes, in sich abgerundetes Kunstwerk, und man begreift wohl, wie ihn dieser Faust bald anzieht, bald abstößt, und wie schwer es ihm fällt, die eigenen künstlerischen Forderungen unbefriedigt zu lassen. Denn „die höchsten Forderungen mehr berühren als erfüllen wollen", ist bei einem solchen Werke leichter gesagt als gethan.

II. Die Vollendung des ersten Theiles.
1. Die rhapsodische Fortbildung.

Nun gab es in der schon vorhandenen Dichtung einige, auch dem neuen Plan gefügige Theile, und es war daher die leichtere und nächste Aufgabe, diese theils vorhandenen, theils geplanten oder schon halbbearbeiteten Scenen künstlerisch auszubilden und so das Werk zunächst stückweise, gleichsam rhapsodisch fortzudichten. Zu diesen Theilen rechnen wir, um sie nach ihrer dramatischen Reihenfolge zu be=

zeichnen, den Spaziergang vor dem Thor, die Valentinscenen, die Walpurgisnacht und die Kerkerscene. Die Scenen vor dem Thore spielen noch in der Heimath des Dichters, wahrscheinlich auch die Valentinscenen, deren locale Eigenthümlichkeiten an die Peterskirche in Frankfurt erinnern.

Aus dem Briefwechsel mit Schiller erhellt, daß Goethe, wie er den 11. April 1798 schreibt, sich für die nächsten vier Wochen den Faust vorgenommen hat. „Die Stimmung des Frühlings ist lyrisch, welches mir bei dem rhapsodischen Drama sehr zu gute kommt." Kaum sind drei Wochen vorüber, so erscheint ein erfreulicher und interessanter Bericht: „Meinen Faust habe ich um ein Gutes weitergebracht. Das alte noch vorräthige, höchst confuse Manuscript ist abgeschrieben und die Theile in abgesonderten Lagen nach den Nummern eines ausführlichen Schemas hinter einander gelegt; nun kann ich jeden Augenblick der Stimmung nutzen, um einzelne Theile weiter auszuführen und das Ganze früher oder später zusammenzustellen. Ein sehr sonderbarer Fall erscheint dabei: einige tragische Scenen waren in Prosa geschrieben, sie sind durch ihre Natürlichkeit und Stärke im Verhältniß gegen das andere ganz unerträglich. Ich suche sie deswegen in Reime zu bringen, da denn die Idee wie durch einen Flor durchscheint, und die unmittelbare Wirkung des ungeheuren Stoffes gedämpft wird."[1]

Diese Worte vergegenwärtigen uns die beiden Scenen „Trüber Tag" und „Kerker". Zwischen der Domscene und den beiden genannten liegt die „Walpurgisnacht", zwischen dem „Zwinger" und der Scene im Dom die Valentinscenen. In der Scene „Trüber Tag, Feld" waren die Affecte des Entsetzens und des Schmerzes, der Empörung und Wuth doch zu ungeheuer, zu unbändig und wild, um sich durch Versmaß und Reime bändigen zu lassen: diese Scene behielt ihre Urform und blieb die einzige Prosascene im Faust.

Wie innig die Sprache echter Poesie mit dem Inhalt der Gedanken und Gemüthsbewegungen zusammengeht und nicht wie eine Art Sonntagsstaat ihnen äußerlich angehängt wird, läßt sich an der Schlußscene des ersten Theils unserer Fausttragödie höchst einleuchtend erkennen. Die Scene „Trüber Tag" verliert ihre ganze Kraft, wenn sie in Versen

---

[1] Ebendas. Nr. 456, 465.

redet: dieser jähe Ausbruch wechselseitiger Flüche, diese angstvolle zur Rettung fortstürmende Hast widerstrebt dem darstellenden Ausdruck und Wohllaut der Poesie. Dagegen wollen in der Kerkerscene die Gemüthszustände Gretchens, wie sie aus der Verdunkelung sich allmählich emporringen zum erleuchteten Bewußtsein der Schuld und zur Erlösung von den Banden der Welt, auch dargestellt und zu vollendeter Anschauung gebracht werden. Dies vermag nur die Sprache der Dichtung, und die Umgestaltung dieser Scene in den Frühlingstagen 1798 gehört zu den allerhöchsten Leistungen der Poesie. Diese Sprache wirkt so überwältigend, so erhebend und rührend, daß wir aus ihrem Gnadenreiche den Ruf „Gerettet!" erwarten und vernehmen.

Die königliche Bibliothek zu Berlin bewahrt, von Goethes Hand geschrieben, die Valentinscenen und die Walpurgisnacht: auf dem Einbande der ersten steht die Jahreszahl 1800, die Handschrift der andern datirt theils vom 5. November 1800, theils vom 8. und 9. Februar 1801.[1] Wenn die

---

[1] G. v. Loeper: Faust I. Einleitung S. XVII—XIX. Zur Revision des Textes. S. 209. — Die erste Handschrift,

lyrische Frühlingsstimmung von 1798 auch diese Arbeiten gefördert hatte, so durfte Goethe dem Freunde in Jena am 5. Mai mit allem Grunde berichten: „Meinen Faust habe ich um ein Gutes weiter gebracht."

2. Die Ausfüllung der großen Lücke.

Die schwierigste Aufgabe war die Ausfüllung jener großen Lücke, die das Fragment zwischen Fausts erstem Gespräch mit Wagner (eingerechnet die Worte „Wie nur dem Kopf nicht alle Hoffnung schwindet" u. s. w.) und dem Schlußabschnitte seines zweiten Gesprächs mit Mephistopheles gelassen hatte. Zu den ausfüllenden Scenen gehörten auch die „Vor dem Thor", wohl eine jener halbbearbeiteten Massen, die schon in der Handschrift der alten Dichtung sich vorfand.

Die Hauptschwierigkeit aber lag darin, daß

---

aus fünf Blättern bestehend, enthält die ganze Valentinsscene und heißt: „Scene des Faust, von Goethes eigener Hand". 1800. Die zweite auf 11 Blättern enthält den größten Theil der Walpurgisnacht und heißt: „Brocken-Scene des Faust von Goethes eigener Hand". 1800. Friedrich Wilhelm IV. hat beide Handschriften erworben (1843) und der Bibliothek geschenkt. (Pniower Nr. 200. S. 78 flgb.)

Mephistopheles dem Fauſt in einer ſolchen Bedeutung zugeführt werden und einen ſolchen Pact mit ihm ſchließen mußte, wie es zwar im Prolog, aber keineswegs in der alten Dichtung angelegt und gefordert war. Indeſſen iſt hier noch nicht der Ort, dieſe Unterſuchung aus inneren Gründen zu führen. Wir verfolgen jetzt nur die brieflichen Data, um eine möglichſt geordnete hiſtoriſche Vorſtellung von der Vollendung des erſten Theils unſerer Dichtung in dem Zeitraum von 1797—1801 zu gewinnen.

Es ſcheint, daß ihrer Förderung die Frühjahrsſtimmungen beſonders günſtig waren: Juni 1797, April und Mai 1798, 1800 und 1801. Bekanntlich iſt zur Ausfüllung der großen Lücke vom Frühling 1800 bis in den Frühling 1801 ein weſentlicher Theil der Arbeit vollbracht worden. Ein Briefchen Goethes vom 16. April 1800 ſchließt mit ein paar Worten, die uns wichtig ſind: „Der Teufel, den ich beſchwöre, geberdet ſich ſehr wunderlich." Wir ſehen die Scene vor uns, die unmittelbar aus dem Selbſtgeſpräche Fauſts hervorgeht, nachdem er, vom Pudel begleitet, in ſein Studirzimmer zurückgekehrt iſt. Der Oſterſpaziergang, das eben genannte Selbſtgeſpräch und die Be=

schwörung bilden eine wohlverkettete Scenenreihe, welcher Fausts zweiter Monolog mit dem Ostergesange vorhergeht, und die beiden Gespräche zwischen ihm und Mephistopheles mit der im zweiten enthaltenen Wette nachfolgen. Mit der Ausführung dieser Scenen war die Lücke gefüllt. Den 6. April 1801 schreibt Goethe: „An Faust ist in der Zeit auch etwas geschehen. Ich hoffe, daß bald in der großen Lücke nur der Disputationsactus fehlen soll, welcher dann freilich als ein eigenes Werk anzusehen ist und aus dem Stegreife nicht entstehen wird."[1]

Diese Scene wurde von der Dichtung ausgeschlossen und findet sich skizzirt in den „Paralipomena zu Faust". Nach dem zweiten Gespräche mit Mephistopheles gab es in dem Text unserer Fausttragödie für einen solchen Disputationsactus keinen Platz mehr. Als Goethe den obigen Brief schrieb, mußte dieses zweite Gespräch und der darin enthaltene Pact noch unausgeführt sein. Dagegen wird auf die Beschwörungsscene, die den Dichter schon ein Jahr früher beschäftigt

---

[1] Briefwechsel Bd. II. Nr. 759, 811.

hatte, die erste Unterredung mit Mephistopheles wohl schnell gefolgt sein; wahrscheinlich ist innerhalb dieser Scene (vielleicht in der Art, wie Mephistopheles sich den Ausweg verschafft) jener „kleine Knoten" zu suchen, den Goethe am 1. August 1800 gelöst haben wollte.[1]

Die Mittheilung vom 6. April 1801, worin er die baldige Ausfüllung der Lücke verkündet, beginnt mit den Worten: „An Faust ist in der Zeit auch etwas geschehen". Worauf mag sich dieses „Etwas" beziehen, nach dessen Ausführung nur noch wenig fehlen soll, um die Lücke zu füllen? Da, wie wir aus guten Gründen annehmen dürfen, der Osterspaziergang, der Monolog mit der Beschwörungsscene und die erste Unterredung zwischen Faust und Mephistopheles bereits fertig gestellt waren, die zweite dagegen noch ausstand, so bleibt für jenes Etwas kein anderes Stück als der zweite Monolog mit dem Ostergesange übrig. Dann fehlt in der Lücke nichts mehr als das zweite Gespräch mit der Wette, das wohl bald nachher zu Stande kam.

---

[1] Ebendas. II. Nr. 756. S. 289.

3. Das Ergebniß.

Die Entstehung der neuen Dichtung und die Ergänzung des Fragments zum ersten Theile der Fausttragödie war das Werk der Jahre 1797 bis (Frühjahr) 1801, in dessen fortschreitender Gestaltung wir folgende Gruppen unterscheiden: 1. Zueignung, Vorspiel und Prolog. Juni 1797. 2. Kerkerscene, Valentin und Walpurgisnacht. Frühjahr 1798. Nach der berliner Handschrift 1800 und 1801. 3. Vor dem Thor, Monolog mit der Beschwörungsscene, erstes Gespräch zwischen Faust und Mephistopheles. Frühjahr 1800. 4. Zweiter Monolog und Ostergesang. Frühjahr 1801. 5. Das zweite Gespräch zwischen Faust und Mephistopheles, welches den Pact in sich schließt. 1801.

Mit der Erscheinung des ersten Theiles der Fausttragödie endet in der Entwickelungsgeschichte unserer Dichtung die zweite Periode, die in ihrem weitesten Umfange von 1790—1808 reicht.

Viertes Capitel.

Beurtheilung und Darstellung des Werkes.

I. Erste Aufnahme und Urtheile.

Die Jahre 1790 und 1808 sind in der Geschichte der Welt wie in der unseres Weltgedichtes gleich denkwürdig. Als das Fragment erschien, feierte die französische Revolution ihre ersten Siege, den Gedächtnißtag des Sturms der Bastille und zugleich die Zerstörung des alten Königthums durch die Einführung des neuen; sie hatte die ererbte Monarchie vernichtet, ihre republikanischen Phasen durchlaufen, siegreiche Kriege geführt und einen neuen Cäsar geboren, welcher Deutschland unterworfen und das alte Reich zu Grunde gerichtet hatte, als im 8. Bande der neuen Gesammtausgabe, die bei Cotta erschien, der erste Theil des Faust an das Licht trat. In den Octobertagen des Jahres 1808 sah die erstaunte Welt den Fürstencongreß in Erfurt und Napoleon in seiner Herrlichkeit, der damals Goethen zu sich beschied und mit den Worten empfing: «vous êtes un homme!» Wieland bezeichnete jene Tage, die in der benachbarten Stadt eine Schaar von Fürsten um den Welteroberer versammelt hatten, als „etwas ganz Außerordentliches, nie Gesehenes, nie Gehörtes, nie in den Annalen des ganzen Menschengeschlechtes Gelesenes."

Die Wirkung des goetheschen Faust vom Jahre 1790 war lange nicht so gewaltig und durchgreifend, als die Spannung, womit man das Werk Jahrzehnte hindurch erwartet hatte. Der Grund davon lag theils in den politischen Ereignissen, die plötzlich alle Gemüther erfüllten und von den poetischen Gegenständen ablenkten, theils in der fragmentarischen, lückenhaften und dunkeln Beschaffenheit der Dichtung selbst, deren Bedeutung der Menge verschlossen blieb. Nur wenige waren fähig, die unvergleichliche Kraft und Geistesfülle, die sich in diesem Gedichte ergossen hatte, zu erkennen und in dem Bruchstück das Ganze zu ahnden. Unter diesen wenigen sind außer Schiller, dessen Schätzung des Fragmentes wir kennen, besonders diejenigen Urtheile uns merkwürdig, welche von den ersten Stimmen der gleichzeitigen Kritik und Philosophie ausgingen.

Noch in dem Jahre, wo das Fragment erschienen war, gab A. W. Schlegel in den göttingischen Anzeigen eine kurze Besprechung, worin er auf die originelle Erhöhung und Erweiterung der Volkssage, die hinreißende Darstellung der Gretchentragödie, die freie, sorglose Verknüpfung der Scenen mit ihren plötzlichen Uebergängen und die tragische Anlage des Ganzen hinwies, nach welcher es fraglich bleibe, ob das unvermeidliche Verderben nicht zuletzt auch den inneren Menschen, das Wesen des Faust ergreifen und moralisch zerstören werde. Tiefer eingehend auf die Bedeutung des Gedichtes in der Entwickelung Goethes urtheilte zehn Jahre später Friedrich Schlegel im Athenäum. Er hatte in seinen „Fragmenten" die französische Revolution, Goethes Meister und Fichtes Wissenschaftslehre für die größten Tendenzen des Zeitalters erklärt; in seinen „Gesprächen über Poesie" wollte er in der bisherigen Entwickelung Goethes drei Stufen unterschieden wissen, die durch Götz, Tasso und Hermann und Dorothea repräsentirt sein sollten. Was aber den Faust betraf, so hielt er es für völlig gewiß, daß dieses große Bruchstück nicht bloß eine Entwickelungsstufe, sondern den ganzen Geist des Dichters offenbare, wie seitdem kein anderes Werk. Faust gehöre zu dem Größten, was die Kraft des Menschen je gedichtet habe; Goethe werde der Stifter und das Haupt einer neuen Poesie für uns und die Nachwelt sein, was Dante in anderer Weise im Mittelalter war.[1]

Die Frage nach dem Schicksale des Faust, dieses eigentliche Thema und Problem der Dichtung, blieb unerörtert. Mit bewunderungswürdigem Tiefblick hat diesen Punkt Schelling sogleich ins Auge gefaßt, aus dem Bruchstücke die Grundrichtung des Ganzen zu erkennen gesucht und in seinen Vorlesungen aus den Jahren 1802—1805 darüber geurtheilt. Er sah, wie im Faust der Menschengeist ringt, sich der Welt zu bemächtigen, indem er sie erkennt und erlebt, das erste im Wege der Magie, das zweite in dem des Genusses, und daß diese beiden Wege nothwendig zusammengehen, da die magische Erkenntniß mit ihrer Verachtung der Vernunft und Wissenschaft auch nur Genuß sei. In dieser Richtung müsse Faust durch das höchste

---

[1] Göttingische Anzeigen von gelehrten Sachen. 1790. S. 154. S. 1547 flg. (25. Septbr.) — Athenäum Bd. III. (1800). S. 179 und 181. Vgl. Bd. I. Stück 2. S. 56.

Tragische hindurchgehen, aber die Echtheit seines Verlangens nach dem höchsten Leben lasse schon erwarten, daß der Widerstreit sich in einer höheren Instanz lösen und Faust in höhere Sphären erhoben, vollendet werde. „In diesem Betracht hat dieses Gedicht, so fremd dies scheinen möchte, eine wahrhaft dantesche Bedeutung, obgleich es weit mehr Komödie und mehr im poetischen Sinne göttlich ist, als das Werk des Dante." „Schon dieses Wenige, was sich über die Natur des Gedichtes zum Theil mehr ahnen als wissen läßt, zeigt, daß es ein ganz und in jeder Beziehung originelles, nur sich selbst vergleichbares, in sich selbst ruhendes Werk sei. Die Art des Schicksals ist einzig und wäre eine neue Erfindung zu nennen, wenn sie nicht gewissermaßen in deutscher Art gegeben und daher auch durch die mythologische Person des Faust ursprünglich repräsentirt wäre. Durch diesen eigenthümlichen Widerstreit, der im Wissen beginnt, hat das Gedicht seine wissenschaftliche Seite bekommen, so daß wenn irgend ein Poem philosophisch heißen kann, dieses Prädicat Goethes Faust allein zugelegt werden muß." „Das Gedicht ist seiner Intention nach bei weitem mehr aristo=

phanisch als tragisch."¹ Daß im Leben des Faust die tragische Entscheidung wohl eine nothwendige Stufe und Katastrophe, nicht aber das Ziel, und darum sein endgültiges und inneres Schicksal auch nach dem Fragmente nicht fraglich sei, war eine Auffassung, worin sich Schelling von A. W. Schlegel unterschied. Schon in dem ersten Wurf wollte er „die heitere Anlage des Ganzen" durchschauen, welche der Dichter selbst erst so viele Jahre später in seinem Prologe zum Ganzen aussprach.

Aehnlich wie Schelling hat den Charakter des Faust, wie er sich im Fragmente darstellt, Hegel in einem Abschnitte seiner Phänomenologie aufgefaßt und hier unter der Bezeichnung „Die Lust und die Nothwendigkeit" jenen faustischen Drang, der im Streben nach unmittelbarster Erkenntniß alles Denken und Grübeln verwirft und in das volle Weltleben stürzt, als eine nothwendige Durchgangsstufe des menschlichen Geistes auf seinem Wege zur Wahrheit dargethan. Hier erfährt der Einzelne, daß die Lebensfülle der Welt, die er zum Gegen-

---

¹ S. oben Cap. I. S. 4. Vgl. Schellings nachgelassene Vorlesung über die Philosophie der Kunst. Sämmtl. W. Bd. V. S. 731 flg.

stande seiner „Lust" macht, in sich aufnehmen und gleichsam verzehren möchte, vielmehr die Macht ist, die ihn verschlingt, die „Nothwendigkeit" oder das Schicksal, woran er scheitert. Mitten in der dunkeln und schweren Sprache, die das Werk redet, erleuchtet Hegel mit einem treffenden Worte den Faust des Fragmentes: „Es ist das Selbstbewußtsein, in welches der Erdgeist gefahren ist".[1]

Wir haben an dieser Stelle nur erzählend die speculativen Auffassungen anführen wollen, welche Goethes Faust schon in seiner ersten Erscheinung hervorrief, und welche die lange Reihe philosophischer Erörterungen eröffnen, die von berufener und unberufener Seite sich bis heute fortsetzen und einige Jahrzehnte hindurch das Feld der Faustcommentare wie ihr Eigenthum beherrscht haben.

Daß auch ein historischer Denker, wie der Geschichts- und Alterthumsforscher B. G. Niebuhr von dem Bruchstücke des Faust ganz erfüllt war, ist eines der bemerkenswerthesten Zeugnisse für die Größe und den Ernst der Wirkung, welche das Ge-

---

[1] Phänomenologie des Geistes (1807). 2. Aufl. S. 262. Vgl. meine Gesch. der neueren Philosophie. (Jubiläumsausgabe.) Bd. VIII. Buch II. Cap. IX. S. 355—357.

dicht ausgeübt hat. Während Niebuhr in Amsterdam mit finanziellen Staatsgeschäften zu thun hatte, schrieb er seinem Freunde A. v. Moltke den 18. Mai 1808: "Weißt du wohl, was von allen Dingen mir hier am meisten fehlt? Ein Goethe, wäre es auch nur sein Faust: mein Katechismus, der Inbegriff meiner Ueberzeugungen und Gefühle, denn was nicht darin, im Fragmente steht, würde dastehen, wenn es vollendet wäre. Hundertmal habe ich daran gedacht, ihn vollenden zu wollen, aber die Kräfte sind dem Willen nicht gemäß".¹ Damals kannte Niebuhr noch nicht den ersten Theil, der eben erschienen war.

Dieser offenbarte den Dichter in seiner ganzen Herrlichkeit und Kraftfülle und traf die Welt in einem Zeitpunkte, wo sie nach ungeheuren Erschütterungen und unter dem Eindrucke der erstaunlichsten Erlebnisse auch dieses großartige, zu seiner ersten Vollendung gereifte Gedicht empfänglicher als zuvor in sich aufnahm. Jetzt begann der goethesche Faust auf die Welt im Großen zu wirken und eine nationale Geltung zu gewinnen, die mit

---

¹ Lebensnachrichten über Barthold Georg Niebuhr. Bd. II. S. 164.

der wachsenden Stärke der Ueberlieferung sich von Geschlecht zu Geschlecht fortgepflanzt hat.

Zwar gab es mancherlei Hindernisse, welche seine Laufbahn hemmten. Zunächst währte es noch sieben Jahre, bis ein dauernder Friede in die Welt zurückkehrte, dann blieb auch in seiner gegenwärtigen Gestalt das Gedicht immer noch ein Bruchstück, das des Räthselhaften und Wunderlichen genug enthielt, endlich fanden sich in mehr als einer Rücksicht die gesellschaftlichen Sitten und Gefühle von einigen Stellen des Gedichtes so empfindlich abgestoßen, daß dadurch dem letzteren der Zugang versperrt oder erschwert wurde. War doch selbst Wieland, nachdem er den ersten Theil gelesen hatte, von einer Art Horror über die Walpurgisnacht ergriffen, worin, wie er sich brieflich ausdrückte, „unser Musaget mit dem berühmten Höllen-Breughel an diabolischer Schöpfungskraft und mit Aristophanes an Unflätherei um den Preis zu ringen scheint". „Man muß gestehen, daß wir in unseren Tagen Dinge erleben, wovon vor fünfundzwanzig Jahren noch kein Mensch sich nur die Möglichkeit hätte träumen lassen." Es war ihm ernsthaft bange um Goethes Ruhm, und er fürchtete, daß „dieses excentrische Geniewerk, diese barok-genialische Tragödie, wie noch keine war und keine jemals sein wird", nur dem Verleger Gewinn bringen, dem Dichter dagegen zum Schaden gereichen werde. Indessen wurde dieser Eindruck wieder ausgeglichen durch die Bewunderung vor der Universalität und Fülle dichterischer Kräfte, welche Goethen zu Gebot standen und sich in seinem Faust in unvergleichlicher Weise offenbarten.

Ein Jahr später schrieb Wieland an K. A. Böttiger: „Wie hat Ihnen die Walpurgisnacht unseres Königs der Genien gefallen, der, nicht zufrieden, der Welt gezeigt zu haben, daß er nach Belieben Michel Angelo, Rafael, Correggio und Tizian, Dürer und Rembrandt sein kann, sich und uns nun auch den Spaß macht, zu zeigen, daß, sobald er will, er auch ein zweiter Höllen-Breughel sein könne? Ich gestehe, daß mich unbeschreiblich nach dem zweiten Theil dieser in ihrer Art einzigen Tragödie verlangt, von welcher man mit viel größerem Rechte als von Wilhelm Meister sagen könnte, daß sie die Tendenz nicht nur des verwichenen Jahrhunderts, sondern aller zwischen Aeschylus und Aristophanes und uns verflossenen

Jahrhunderte sei. Könnte man nicht mit gleichem Recht sagen: Goethe sei in der poetischen Welt, was Napoleon in der politischen?"[1]

II. Die Darstellung.

1. Cornelius' Zeichnungen.

Die tiefeindringende Wirkung unseres Gedichtes, welches Phantasie und Gemüth aller Leser erfüllte, weckte unwillkürlich das Bedürfniß nach lebendigster Aeußerung und Mittheilung durch gemeinsame Lectüre, mündlichen Vortrag, bildliche Anschauung, dramatische Verkörperung, in welcher, als der vollkommensten Form, sich alle Mittel der Darstellung vereinigen sollten. Der erste Theil des Faust war kaum erschienen, als diese Dichtung in einem ihr geistesverwandten Künstler sich sogleich plastisch zu gestalten suchte und in den Zeichnungen von Peter Cornelius, der den Cyklus seiner Darstellungen zum Faust 1809 begann, ein erhabenes Werk der bildenden Kunst hervorrief. Es waren

---

[1] Der erste Brief ist vom 20. Juni 1808, der andere vom 30. Juni 1809. Vgl. Auswahl denkwürdiger Briefe von Wieland, Band II. S. 81 flg. Raumer, historisches Taschenbuch, X. S. 451 flg. Loeper, Faust, Th. I. Einl. S. XII, XIII, XXI.

sechs Federzeichnungen, welche Goethe im Mai 1811 durch Sulpiz Boisserée kennen lernte und mit großem Wohlgefallen betrachtete; sie erschienen im Stich zu Frankfurt a. M. In demselben Jahre erschienen bei Cotta selbst die Umrisse zu Faust von M. Retzsch, welche Goethe zuerst in Dresden gesehen und „recht interessant und geistreich" gefunden hatte (November 1810).

2. Radziwills Composition und Aufführung.

Aber die wahre Verkörperung eines dramatischen Gedichtes geschieht durch die Bühne. Ob es dem goetheschen Faust, der ohne alle Rücksicht auf die letztere entstanden war und als Fragment ihr fremd bleiben mußte, gelingen wird, den Weg zu diesem Ziele zu finden und von der Bühne herab die Welt zu bewegen, wie einst die alte Legende durch Marlowe und das deutsche Volksschauspiel? Mit der Vollendung des ersten Theils hatte sich Goethes Werk durch die Ergänzung und Verknüpfung der Theile, wie durch den Abschluß der Handlung der Bühne genähert, und wenn auch das „Vorspiel auf dem Theater" uns den Dichter im Zwiespalte mit dem Schauspieler und dem Director erscheinen läßt, so vergessen wir nicht, daß schon ein Jahr nach der Herausgabe des Fragments Goethe selbst Theaterdirector geworden war, und auch in unserem Vorspiel dieser schließlich seinen Willen durchsetzt. Ich bin nicht der Ansicht, welche A. W. Schlegel in seinen Vorlesungen über dramatische Kunst und Litteratur äußert, daß in jenem Vorspiele zum Faust Goethe dem Theater einen Scheidebrief geschrieben habe. Muß doch Schlegel selbst einräumen, daß unsere Dichtung viele sehr theatralisch gedachte Scenen, einige voll von der höchsten dramatischen Kraft enthalte, und daß überhaupt aus ihr erstaunlich viel für die dramatische Kunst sowohl in der Anlage als Ausführung zu lernen sei. Wenn er nun trotzdem behauptet, daß man Fausts Zauberstab und Beschwörungsformeln besitzen müsse, um Goethes Faust aufzuführen, so darf dieser Ausspruch nur noch von gewissen Scenen gelten, die nach den Regeln und Mitteln des damaligen Theaters ihm undarstellbar erschienen.[1]

Während aber Schlegel in jenen Vorlesungen dem goetheschen Faust die Bühnenfähigkeit absprach,

---

[1] Vorlesungen über dramatische Kunst und Litteratur (1809—1811.) Bd. III. Vorl. XV.

war der Dichter selbst ernsthaft mit der Aufführung desselben beschäftigt, die er den 18. November 1810 seinem Freunde Zelter in Berlin als bevorstehend meldete, indem er zugleich sich dessen musikalischen Beistand für den Ostergesang und das Einschläferungslied erbat. Indessen fehlte Zeltern die Zeit, und auch in Weimar stieß das Unternehmen auf Hindernisse. Beides unterblieb, die Composition und die Aufführung. Wir wollen bemerken, daß nach Goethes Absicht der Erdgeist, dieser „Welt- und Thatengenius", jupiterähnlich erscheinen und die Handlung vom Anfange bis zum Ostergesange ohne die Dazwischenkunft des Famulus geschehen, also monodramatisch eingerichtet werden sollte.

Die musikalische Hülfe und zugleich das regste Interesse für die Darstellung des Faust kam sehr bald von seiten eines polnischen, durch seine Vermählung dem preußischen Königshause verwandten Fürsten, Anton Radziwill, der im Fache der Musik künstlerischer Liebhaber und für Goethes Faust Enthusiast im besten Sinne des Wortes war. Goethe empfing seinen Besuch am 1. April 1814. Durch ihn lernten die preußischen Prinzen das Gedicht kennen und faßten den heroischen Entschluß, den Faust, wie er leibt und lebt, unter sich aufzuführen; namentlich war der Kronprinz ganz davon begeistert und lebte und webte im Faust, wie Zelter den 18. Februar 1816 dem Dichter schrieb. Zelter selbst wurde zur ersten Zusammenkunft, welche in Absicht der Aufführung gehalten wurde, eingeladen. Prinzen, Fürsten, Grafen und Herren waren gegenwärtig, keiner hatte ein eigenes Exemplar, es ward herumgeschickt, die meisten Buchhändler hatten selber keines, mit einem Worte, das Gedicht war allen unbekannt, selbst den Artisten. Die ersten Leseproben, welche im Frühjahr 1816 bei Radziwill stattfanden, schildert Zelter sehr ergötzlich. „Der Effect des Gedichtes auf fast lauter junge Zuhörer, denen alles fremd und neu war, ist höchst merkwürdig, sie können sich nicht genug wundern, daß das alles gedruckt steht, sie gehen hin und sehen ins Buch, ob es wirklich so dasteht. Daß es wahr ist, fühlen alle, und es ist, als ob sie sich erkundigten, ob die Wahrheit wahr ist." Wie patriarchalisch und gemüthlich erscheint in Zelters Schilderung Friedrich Wilhelm III. bei der Leseprobe, die am 6. April gehalten wurde! Der ganze junge Hof war zugegen. „Als wir mit dem

ersten Acte zu Ende waren, kam unvermuthet der
König, der es wahrscheinlich zu Hause nicht länger
hatte aushalten können, da ihm alle Kinder davon
gegangen waren. Nun wurde der ganze erste Act
wiederholt. Der König, der nach alter Art an=
fänglich gehalten und zurückgezogen war, hielt über
zwei Stunden still, wurde freundlich, gesprächig
und wahrhaft liebenswürdig."[1] Die Aufführung
selbst, die am Geburtstage der Fürstin den 21. Mai
1820 stattfand und unter den Darstellungen, die
Goethes Faust erlebt hat, eine der merkwürdigsten
bleibt, hat Zelter dem Dichter sehr eindrucksvoll
und vergnüglich beschrieben: „Denkst du dir den
Kreis, in dem dies alles vorgeht: einen Prinzen
als Mephisto, unseren ersten Schauspieler als Faust
unsere erste Schauspielerin als Gretchen, einen Für=
sten als Componist, einen wirklich guten König als
ersten Zuhörer mit seinen jüngsten Kindern und
ganzen Hofe, eine Kapelle der ersten Art, wie man
sie findet, und endlich einen Singchor von unseren
besten Stimmen, darunter ein Consistorialrath, ein
Prediger, Staats= und Justizräthe, und dies alles

---

[1] Briefwechsel zwischen Goethe und Zelter. II. S. 213.
226 flg. S. 240 flg. S. 264. Vgl. III. S. 99.

angeführt vom königlichen Generalintendanten aller Schauspiele der Residenz, der den Maschinenmeister, den Dirigenten, den Souffleur macht, in der Residenz, in einem königlichen Schlosse, so sollst du mir den Wunsch nicht schlimm heißen, dich unter uns gewünscht zu haben." Goethe antwortet den 6. Juni: „Was soll ich zu eurer faustischen Darstellung sagen? Die treue Relation, die ich dir verdanke, versetzt mich ganz klar in die wunderlichste Region. Die Poesie ist doch wirklich eine Klapperschlange, in deren Rachen man sich mit widerwilligem Willen stürzt."[1]

Daß Goethes Faust in die höchsten Kreise der preußischen Hauptstadt eingeführt wurde, und einige der Schlagbäume fielen, welche zwischen der vornehmen Gesellschaft und diesem Gedichte lagen:

---

[1] Ebendas. III. S. 100 flg. S. 107. Den Mephistopheles spielte Herzog Karl von Mecklenburg, Bruder der Königin Luise, bei dem im Schlosse Monbijou die Aufführung bald darauf wiederholt wurde. — Goethe hatte dem Fürsten Zusätze geschickt: die Scene „Zwei Teufelchen und Amor" und zwei Geisterchöre, einer davon: „Wird er schreiben?" gehörte zur Vortragsscene und wurde bei der Aufführung gesungen. Vgl. Briefwechsel. III. S. 343. Das eigenhändige Concept findet sich im Goethe-Archiv unter der Ueberschrift: „Zum verkürzten Faust".

darin besteht Radziwills großes und wesentliches Verdienst, welches Zelter nach Gebühr und aus vollem Herzen würdigt. „Ich ließ bei Gelegenheit die Bemerkung fallen, daß ein Fürst einer fremden Nation ein schöneres Deutsch spräche, als wir alle, und uns zuerst durch so viel Fleiß und Dauer und Liebe mit unseren eigenen Schätzen bekannt macht." „Wenn Radziwills Composition auch gar kein eigenes Verdienst hätte, so würde man ihm doch das große zugestehen müssen, dieses bisher im dicksten Schatten verborgen gewesene Gedicht ans Licht zu bringen. Ich wüßte wenigstens keinen andern, der Herz und Unschuld genug gehabt hätte, solchen Leuten solche Gerichte vorzusetzen, wodurch sie nun erst deutsch lernen."[1]

3. Die öffentlichen Aufführungen.

Von dem fürstlichen Liebhabertheater bis auf die öffentliche Bühne war noch ein weiter Weg. Das Jahr 1829, insbesondere der Geburtstag des achtzigjährigen Dichters wurde epochemachend in der Bühnengeschichte seines Faust. Einige wollten auf diesem Wege zur Bühne mit Goethen wetteifern

---

[1] Ebendas. II. S. 264. III. S. 100.

und es ihm zuvorthun, daher fingen die Faust=
dramen an sich zu mehren. Da das Publikum,
von den Bildern unserer Dichtung erfüllt, den
Faust zu sehen wünschte, und der goethesche für
unaufführbar galt, so entstand die Aufgabe, ent=
weder einen neuen, bühnenfähigen Faust herzu=
stellen oder den goetheschen bühnenfähig zu machen.
A. Klingemann in Braunschweig suchte das Ziel
auf die erste Art, K. v. Holtei in Berlin auf die
zweite: jener durch ein fünfactiges Trauerspiel
(1815), dessen Faust aus dem klingerschen Roman
entlehnt, als schreckliches Familiendrama mit aller=
hand Teufelsspuck behandelt und auf die blindesten
Affecte des Entsetzens und der Rührung berechnet
war, dieser durch ein Melodrama von drei Acten
mit einem Vorspiel und dem Titel: „Des welt=
berufenen Erz= und Schwarzkünstlers Faust Pact=
um mit der Hölle" (1828). Da Goethe diese Be=
arbeitung seines Werkes zurückwies, so fand sich
Holtei durch einen eigenen „Dr. Johann Faust",
der in Berlin aufgeführt wurde, mit dem Publikum
ab; er hatte sich das Puppenspiel mit den Scenen
in Parma zum Vorbilde genommen, aber auch das
unglückliche Gretchen in sein Machwerk versetzt.

Zelter, der diese neuen Fauste auf der Bühne sah, fand den Klingemanns unerträglich widerlich und den Holteis unerträglich langweilig.

Nachdem Mozart und Goethe durch ihre Dichtungen die Parallele zwischen Don Juan und Faust geweckt hatten, nahm Grabbe beide zum Thema seiner monstrosen Doppeltragödie, die in demselben Jahre erschien, wo Goethes Faust die öffentlichen Bühnen betrat.

Klingemanns Faust hat die erste dieser Darstellungen veranlaßt. Sein Stück wurde den 28. October 1828 im Hoftheater zu Braunschweig aufgeführt und gefiel dem Herzoge. Im Gespräch darüber erfuhr dieser von Klingemann, daß es auch einen goetheschen Faust gebe, der besser als der seinige, aber nicht aufführbar sei. Der Herzog las Goethes Werk und befahl die Aufführung, die im Januar 1829 mit gutem Erfolge von statten ging. So kam es, daß der braunschweiger Hofbühne das Verdienst der ersten theatralischen Darstellung des goetheschen Faust gebührt, Dank dem Herzoge Karl, der sonst keinen Dank verdient hat.[1]

---

[1] Eb. Devrient: Geschichte der Schauspielkunst. IV. S. 96 flg. — Pröhle: Zur Goethe-Litteratur, mit besonderer

Der Geburtstag des achtzigjährigen Dichters konnte nicht würdiger gefeiert werden als durch die Aufführung seines größten und gewaltigsten Werkes auf den Bühnen zu Weimar, Frankfurt, Dresden und Leipzig. In Dresden war es Tieck, der als Dramaturg den Faust in Scene setzte und mit einem Prolog einführte. Manches mußte wegbleiben aus Rücksicht auf gewisse unverletzbare Gefühle, wie Mephistopheles' Schilderung des Pfaffen, Fausts Deutung der biblischen Worte u. a., dagegen wurde der Hexensabbath, den man in Braunschweig nicht aufgeführt hatte, sehr wirkungsvoll gegeben. Ich weiß nicht, ob es tiefere, in der Handlung selbst gelegene Gründe waren, welche Tieck bewogen haben, auch die Wette von der Darstellung auszuschließen.[1]

Unter allen Aufführungen ist die weimarsche, welche den 28. August 1829 in unmittelbarster Nähe, wenn auch nicht in Gegenwart des Dichters

---

Rücksicht auf die erste Aufführung von Goethes Faust. Beilage zur Vossischen Zeitung, Nr. 249. (1877.) — W. Creizenach: Die Bühnengeschichte des Goetheschen Faust (1881). S. 28—35.

[1] K. v. Holtei: Nachlese. Bd. I (1870). S. 61—70.

stattfand, von besonderem Interesse. Der polnische Dichter Adam Mickiewicz, der französische Bildhauer David d'Angers, auch Holtei waren zugegen. Das Ganze war in acht Acte getheilt, einige Scenen, wie das erste Gespräch zwischen Wagner und Faust und die Walpurgisnacht, wurden weggelassen, einige Stellen rücksichtsvoll verballhornt. Aus Respect vor Luther durfte es in dem Rattenliede nicht heißen: „Hatt' sich ein Ränzlein angemäst't, als wie der Doctor Luther", sondern: „Das machte das gute Futter". Auch die Worte „Als hätt' sie Lieb im Leibe" wurden verstoßen und dafür zarter gesagt: „Als plagten sie Liebesschmerzen".

Von alledem kommt wohl nur die Ausschließung der Wagnerscene auf Rechnung des Dichters, der sich um die Bühneneinrichtung nicht weiter gekümmert, aber den wichtigsten Einfluß auf das Spiel dadurch ausgeübt hat, daß er den Schauspielern das Stück vorlas. Karl La Roche, der den Mephistopheles spielte, hat den Eindruck dieser Vorlesung so tief und beständig bewahrt, daß nach seiner Versicherung in der Art, wie er den Mephistopheles darstellte, jede Geberde, jeder Schritt, jede Grimasse, jedes Wort von Goethe war. In der Beurtheilung und Darstellung dieses Charakters mußte die Frage entstehen, ob der Typus desselben mehr cavaliermäßig oder mehr dämonisch zu nehmen sei. La Roche vertrat in seinem Spiel die erste, Karl Seydelmann in dem seinigen die zweite Art der Auffassung, und es scheint, daß jener die Autorität des Dichters für sich gehabt hat.

Wunderlich aber finden wir, wie Goethe den Faust selbst gelesen haben soll: mit einer anderen Stimme vor dem verjüngenden Zaubertranke, mit einer anderen nachher. Dies hieß die Einheit der Person zerstören und den Charakter des Faust in zwei Rollen zerspalten, welche füglich verschiedenen Schauspielern zugetheilt werden konnten. Ein ähnliches Schicksal hatte Goethe im zweiten Theile des Faust der Helena zugedacht, die er wirklich von zwei Personen dargestellt zu sehen wünschte: als griechische Heldenfrau von einer Tragödin, als romantische Fürstin und Fausts liebende Gattin von einer Sängerin.

Die Ausbildung und Vollendung des zweiten Theiles führt uns in die Werkstätte des Dichters zurück, nachdem wir die Geschichte des ersten bis zu dem Punkte verfolgt haben, wo er seine

Bühnenlaufbahn beginnt. Im Jahre 1759 hatte Lessing gewünscht, den Doctor Faust, in den das deutsche Volk so verliebt sei, wieder auf die Bühne zu bringen; es hat gerade siebzig Jahre gedauert, bis dieser Wunsch durch den goetheschen Faust erfüllt wurde, und das deutsche Volk ist nun wirklich in diesen Faust so verliebt, daß es neben ihm auch in seinen Theatern keinen anderen haben will.

Doch haben manche gewagt, in der Dichtung selbst mit Goethen zu wetteifern, da sie einen außerordentlichen Vorrath ungeduldiger Weltverachtung in sich spürten und diesen Zustand für faustische Spannkraft ansahen. Ist es doch vorgekommen, daß ein Student an den Dichter schrieb und sich den Plan zum zweiten Theile erbat, weil die litterarischen Zeitläufte eine Auffrischung nöthig hätten, und er sich berufen fühle, den Faust zu vollenden.

Fünftes Capitel.
Die Vollendung des Werkes. Der zweite Theil.

I. Anfänge und Wiederaufnahme.

1. Eckermanns Einwirkung.

Die Ausführung eines zweiten Theiles, worin die Dichtung zum Abschluß kommen sollte, schien Goethe aufgegeben zu haben. Der mahnende Freund lebte nicht mehr, andere Werke drängten den Faust zurück: ich nenne nach ihrer Zeitfolge die Wahlverwandtschaften, die Pandora, die Herausgabe der Farbenlehre, Dichtung und Wahrheit, die Wanderjahre. Ein halbes Jahrhundert war seit der Entstehung seines Faust vergangen, als Goethe im Sommer 1824 Dichtung und Wahrheit weiterführen und in einem der neuen Bücher, dem achtzehnten, episodisch den Plan zur Fortsetzung des Faust mittheilen wollte.

Im Tagebuch vom 16. December 1816 hatte Goethe das Schema zum zweiten Theil des Faust aufgezeichnet in der Absicht, dasselbe den Lesern seiner Lebensgeschichte mitzutheilen. Faust, in tiefen Schlaf versunken, von Geisterchören umgeben, die ihm die Freuden der Ehre und der Macht, des Ruhmes und der Herrschaft vorspiegeln, erwacht neugestärkt und fühlt sich zu höchstem Streben gekräftigt. Mephistopheles führt ihn nach Augsburg, wo Kaiser Maximilian Hof und Reichstag hält. Nach einem stockenden Gespräch mit Faust und einem höchst belebten und eindrucksvollen mit Mephistopheles in der Gestalt des Faust verlangt der Kaiser nach Erscheinungen. Auf einer magischen Bühne erscheinen erst Helena, dann Paris. Von dem Anblick der Helena ganz überwältigt, wird Faust von unendlicher Sehnsucht nach dieser einmal erkannten höchsten Schönheit erfaßt. Mephistopheles soll sie dem Orkus entreißen und in seine Arme liefern. Auf einem alten Ritterschlosse, dessen Besitzer in Palästina Krieg führt, geschieht die Vereinigung und Vermählung beider; ihrer Ehe entspringt ein Sohn, der nach der schnellsten körperlichen und geistigen Entwicklung einem frühen und gewaltsamen Ende verfällt. Die untröstliche Mutter, indem sie die Hände ringt, streift unwillkürlich den Zauberring ab, der ihr die Körperlichkeit verliehen hat, und läßt in Fausts Armen ihr leeres Gewand zurück. Dieser besiegt die Mönche, die sich des Schlosses bemächtigen wollen, und erwirbt große Güter. „Indessen altert er, und wie es weiter ergangen, wird sich weiter zeigen, wenn wir künftig die Fragmente oder vielmehr die zerstreut gearbeiteten Stellen dieses zweiten Theils zusammenräumen und dadurch einiges retten, was den Lesern interessant sein wird. Dergleichen dichterische Seltsamkeiten, theils erzählt als Plan und Vorsatz, theils stellenweise fertig vorgelesen, geben dann freilich eine sehr geistreiche und anregende Unterhaltung."[1]

Nach Falk in seiner Schrift über Goethe wird der Reichstag in Frankfurt gehalten.

Dies sind wohl die Conceptionen zum zweiten Theil, welche Goethe die ursprünglichen genannt und auf die frankfurter und früheste weimarsche Zeit zurückbezogen hat.

In der Puppenspielfabel wird die Helena in eine Fratze verwandelt. Die ältesten Conceptionen, wie Goethe an W. von Humboldt schreibt (22. Oc-

---

[1] Vgl. Pniower. Nr. 314 u. 315. S. 115—118.

tober 1828), beruhen auf der Puppenspielüberlieferung; auch in dem Briefe an Schiller (12. September 1800) steht zu lesen: „Nun zieht mich aber das Schöne in der Lage meiner Helena so sehr an, daß es mich betrübt, wenn ich es zunächst in eine Fratze verwandeln soll". Von einer solchen Verwandlung ist in den Aufzeichnungen vom 16. December 1816 nicht die Rede, weshalb gezweifelt werden könnte, ob diese Conceptionen die ältesten sind.

Nachdem Eckermann[1] in den letzten neun Lebensjahren der vertrauteste Freund Goethes, diese Aufzeichnungen kennen gelernt hatte, erbat er sich die vorhandenen Bruchstücke des zweiten Theils, um zu prüfen, ob nicht vielmehr das Werk selbst auszudichten und deshalb die Mittheilung des Plans zurückzuhalten sei. Und er bewog den fünfundsiebzigjährigen Dichter wirklich zur Wiederaufnahme und Vollendung seines Faust, die nun die Frucht der nächsten sieben Jahre sein sollte. Als sich das Werk dem Abschluß näherte, sagte Goethe eines Tages zu Eckermann: „Sie können es sich zurechnen, wenn ich den zweiten Theil des Faust zu Stande

---

[1] Vgl. meine Gedächtnißrede: Karl Alexander, Großherzog von Sachsen. (1901.) S. 27—30.

bringe. Ich habe es Ihnen schon oft gesagt, aber ich muß es wiederholen, damit Sie es wissen."[1]

Wie weit dieser Theil in den Bruchstücken, welche Eckermann las, gediehen war, wissen wir nicht im Einzelnen. Daß der Plan desselben zu den ältesten Conceptionen gehörte, hat Goethe wiederholt in brieflichen Aeußerungen versichert, die so gut als gleichzeitig sind, denn sie fallen in sein letztes Lebensjahr. Indessen schwanken seine Zeitangaben. Nach einer Aeußerung vom 1. December 1831 ist der zweite Theil seit fünfzig Jahren entworfen; einige Monate später (den 17. März 1832) schreibt Goethe, daß die Conception des Ganzen über sechszig Jahre alt sei, und in seinem Briefe an Zelter vom 1. Juni 1831 will er den Plan des Ganzen schon in seinem zwanzigsten Lebensjahre gefaßt haben. Man darf es mit solchen runden Zahlen nicht zu genau nehmen; es wird gut sein, die Richtigkeit derselben zu prüfen, indem man sie theils mit einander, theils mit früheren und genaueren Angaben des Dichters, wie mit dem

---

[1] Gespräche, Th. I. S. 110 flg. (10. August 1824.) Th. II. S. 133. (7. März 1830.)

nachweisbaren Entwickelungsgange des Werkes selbst vergleicht. Folgen wir diesen sicheren Spuren.

2. Die Neugestaltung der Helena. Die Schlußscenen.

Es sind in dem zweiten Theile des goetheschen Faust zwei Motive enthalten, die in den Volks=büchern und dem Volksschauspiele wurzeln: Fausts Erscheinung am Kaiserhofe und seine Vermähl=ung mit er Helena. Offenbar ist von diesem zweiten ihm wahlverwandten Thema Goethe früh=zeitig ergriffen worden, und der Gedanke, die Helena in seine Faustdichtung aufzunehmen, entstand noch unter dem fortwirkenden Eindrucke des Puppen=spiels. „Es ist eine der ältesten Conceptionen", schreibt er an W. v. Humboldt, „sie ruht auf der alten Puppenspielüberlieferung, daß Faust den Me=phistopheles genöthigt, ihm die Helena zum Bei=lager heranzuschaffen".[1] In dem Volksschauspiel bringt ihm der Teufel die Helena, die sich, wie Faust sie in seine Arme schließen will, in ein höll=isches Gespenst verwandelt. Es scheint, daß auch Goethe zuerst die Absicht hatte, sie als Blendwerk

---

[1] Goethes Briefwechsel mit den Gebrüdern v. Humboldt (1795—1832). S. 279 (22. Oct. 1826). Vgl. oben S. 72 bis 74.

darzustellen. Aber es ging dem Dichter des Faust wie diesem selbst: er gewann die Helena lieb, wie er sie schaute. Doch der Poet war gewaltiger, als der Magus. Von seiner dichterischen Kraft beseelt, sollte die Helena kein verlarvtes Trugbild der Zauberei sein, sondern ein Geschöpf der erhabensten Poesie nach dem Vorbilde der griechischen Tragödie werden.

In diesem Geiste hat Goethe während eines stillen Aufenthaltes in Jena im September 1800 die Gestaltung der Helena begonnen und darüber mit Schiller in Weimar, der von der Maria Stuart herkam und soeben den Plan zur Jungfrau von Orléans gefaßt hatte, einige bemerkenswerte Briefe gewechselt. „Meine Helena ist wirklich aufgetreten", schreibt er den 12. September. „Nun zieht mich aber das Schöne in der Lage meiner Heldin so sehr an, daß es mich betrübt, wenn ich es zunächst in eine Fratze verwandeln soll. Wirklich fühle ich nicht geringe Lust, eine ernsthafte Tragödie auf das Angefangene zu gründen." Bei einem Besuche Schillers las Goethe den herrlichen Monolog „Bewundert viel und viel gescholten, Helena" u. s. w. Die Freunde waren einig, daß diese Dichtung den

Mittel- und Höhepunkt des zweiten Theiles bilden müsse; in ihren Briefen vom 23. September bezeichnen beide die Helena als „den Gipfel des Ganzen". „Ihre neuliche Vorlesung hat mich mit einem großen und vornehmen Eindruck entlassen; der edle, hohe Geist der alten Tragödie weht aus dem Monolog einem entgegen und macht den gehörigen Effect, indem er ruhig und mächtig das Tiefste aufregt." „Gelingt Ihnen diese Synthese des Edlen mit dem Barbarischen, wie ich nicht zweifle, so wird auch der Schlüssel zu den übrigen Theilen des Ganzen gefunden sein, und es wird Ihnen alsdann nicht schwer sein, gleichsam analytisch von diesem Punkt aus den Sinn und Geist der übrigen Partieen zu bestimmen und zu vertheilen: denn dieser Gipfel, wie Sie ihn selbst nennen, muß von allen Punkten des Ganzen gesehen werden und nach allen hinsehen."[1] Diese Worte Schillers sind erleuchtend und dürfen uns zur Orientirung über die Einrichtung und Composition des zweiten Theils geradezu als ein wegweisender Fingerzeig

---

[1] Briefwechsel (1870). Bd. II. Nr. 763 und 764, 767 und 768.

dienen. Es ist, wie er sagt: man muß von der Helena aus „gleichsam analytisch den Sinn und den Geist der übrigen Partieen bestimmen und vertheilen".

Die Idee, woraus der Prolog im Himmel hervorging (1797), enthielt schon den Gedanken einer Wette zwischen Faust und Mephistopheles, deren endgültiger Ausgang nicht zweifelhaft sein konnte. Die Wette selbst wurde 1801 in die Dichtung eingeführt. Im unmittelbaren Zusammenhange damit mögen wohl schon damals die Schlußscenen des zweiten Theils entstanden sein, wie aus einer Aeußerung des Dichters erhellt. Sulpiz Boisserée, der während des August 1815 in Wiesbaden, Frankfurt und Heidelberg mit Goethen verkehrte, fragte ihn eines Tages nach dem Ende des Faust. „Das sage ich nicht", antwortete der Dichter, „darf es nicht sagen, aber es ist auch schon fertig und sehr gut und grandios gerathen, aus der besten Zeit. Faust macht im Anfang dem Teufel eine Bedingung, woraus alles folgt."[1]

---

[1] Vgl. meine Festrede: „Goethe und Heidelberg". Sulpiz Boisserée (1862). Bd. I. S. 255 (3. August 1815).

II. Die Ausbildung des zweiten Theiles.

1. Die Helena als Zwischenspiel.

Ein Vierteljahrhundert hatte die Dichtung geruht, als Goethe sie im Herbst 1824 wieder aufnahm. Unter dem Eindruck der griechischen Freiheitskämpfe und der philhellenischen Begeisterung, dieser classisch-romantischen Inspiration, die seit 1823 in Europa erwacht war und den größten englischen Dichter des Zeitalters nach Griechenland trieb, wurde die Tragödie der Helena, welche Goethe im September 1800 begonnen hatte, vollendet. Die Ausführung fällt in den Zeitraum vom Herbst 1824 bis zum Frühjahr 1826.[1]

Die Vermählung der Helena mit Faust sollte zugleich die Vermählung des classischen und romantischen Ideals und damit die Ausgleichung eines Gegensatzes sinnbildlich darstellen, der seit den Anfängen des Jahrhunderts die deutsche Litteratur und Dichtung bewegte. Aus der innigen Durchdringung beider entstehe die wahrhaft moderne Poesie, die gegenwärtig sei, wie der Tag selbst. Diese neue Poesie sah Goethe gleichsam verkörpert in Lord

---

[1] Vgl. Eckermann, Gespräche. I. S. 201 (15. Jan. 1827).

Byron, der den 19. April 1824 in Missolonghi starb. Zwei Jahre später fiel Missolonghi. Nun mußte Euphorion, der Sprößling des Faust und der Helena, auch die Gemüthsart und die Schicksale des modernsten der Dichter in sich aufnehmen und sinnbildlich darstellen. Die Stimmungen und Schicksale der Welt verwebten sich so eng mit der Tragödie der Helena, daß es dem Dichter schien, jetzt erst sei die Zeit zu dieser Dichtung erfüllt worden. „Ich habe von Zeit zu Zeit daran fortgearbeitet, aber abgeschlossen konnte das Stück nicht werden, als in der Fülle der Zeiten, da es denn jetzt seine volle 3000 Jahre spielt von Trojas Untergang bis zur Einnahme Missolonghis." So schrieb er den 22. October 1826 an W. v. Humboldt.[1]

In einer Aufzeichnung vom 10. Juni 1826, die sich im Goethe-Archive befindet, giebt der Dichter über die Entstehung und Ausbildung seiner Helenatragödie folgende Rechenschaft: „Dem alten, auf die ältere von Faust umgehende Fabel gegründeten Puppenspiel gemäß sollte im zweiten

---

[1] Briefwechsel mit den Gebrüdern v. Humboldt (1876). S. 279. Vgl. Riemers Mittheilungen über Goethe. Bd. II. S. 581.

Theil meiner Tragödie gleichfalls die Verwegenheit Fausts dargestellt werden, womit er die schönste Frau, von der die Ueberlieferung meldet, die schöne Helena aus Griechenland, in seine Arme begehrt. Dies war nun nicht durch Blocksbergs Genossen, auch nicht durch die häßliche, nordischen Hexen und Vampyren nah verwandte Enyo zu erlangen, sondern, wie in dem zweiten Theil alles auf einer höheren Stufe gefunden wird, in den Bergschluchten Thessaliens unmittelbar bei dämonischen Sibyllen zu suchen, welche durch merkwürdige Verhandlungen es zuletzt dahin vermitteln, daß Persephone der Helena erlaubt, wieder in die Wirklichkeit zu treten, mit dem Beding, daß sie sich nirgends als auf dem eigentlichen Boden von Sparta des Lebens wieder erfreuen sollte." „Das Stück beginnt also vor dem Palaste des Menelaus in Sparta, wo Helena, begleitet von einem Chor trojanischer Frauen, als eben gelandet auftritt, wie sie in den ersten Worten sogleich zu verstehen giebt: „Vom Strande komm' ich" u. s. f. Mehr aber dürfen wir von dem Gange und Inhalt des Stückes nicht verrathen. Dieses Zwischenspiel war gleich bei der ersten Conception des Ganzen ohne weiteres bestimmt und von Zeit zu Zeit an die Entwickelung und Ausführung gedacht, worüber ich jedoch keine Rechenschaft geben könnte. Nur bemerke ich, daß in der schiller'schen Correspondenz vom Jahre 1800 dieser Arbeit als einer ernstlich vorgenommenen Erwähnung geschieht, wobei ich mich denn gar wohl erinnere, daß von Zeit zu Zeit auf des Freundes Betrieb wieder Hand angelegt wurde, auch die lange Zeit her, wie gar manches andere, das ich früher unternommen, wieder ins Gedächtniß gerufen ward. Bei der Unternehmung der vollständigen Ausgabe meiner Werke ward auch dieses wohlverwahrte Manuscript wieder vorgenommen und mit neu belebtem Muth dieses Zwischenspiel zu Ende geführt und um so mehr mit anhaltender Sorgfalt behandelt, als es auch einzeln für sich bestehen kann und in dem vierten Bande der neuen Ausgabe mitgetheilt werden soll."[1] So erschien es Ostern 1827 unter dem Titel: „Helena, classisch-romantische Phantasmagorie. Ein Zwischenspiel zu Faust".

In dem gleichzeitigen ersten Hefte des sechsten Bandes „über Kunst und Alterthum" erklärt sich

---

[1] Nach einer Abschrift W. Scherers (Juni 1884).

Goethe über die Absicht und Bedeutung des zweiten Theils überhaupt. „Fausts Charakter auf der Höhe, wohin die neue Ausbildung aus dem alten rohen Volksmärchen denselben hervorgehoben hat, stellt einen Mann dar, welcher in den allgemeinen Erdenschranken sich ungeduldig und unbehaglich fühlend, den Besitz des höchsten Wissens und den Genuß der schönsten Güter für unzulänglich achtet, seine Sehnsucht auch nur im mindesten zu befried=
igen: ein Geist, welcher deshalb, nach allen Seiten hin sich wendend, immer unglücklicher zurückkehrt. Diese Gesinnung ist dem modernen Wesen so analog, daß mehrere gute Köpfe die Lösung einer solchen Aufgabe zu unternehmen sich gedrungen fühlten. Die Art, wie ich mich dabei benommen, hat sich Beifall erworben; vorzügliche Männer haben darüber gedacht und meinen Text commen=
tirt, welches ich dankbar anerkannte. Darüber aber muß ich mich wundern, daß diejenigen, welche eine Fortsetzung und Ergänzung meines ‚Fragmentes' unternahmen, nicht auf den so naheliegenden Ge=
danken gekommen sind, es müsse die Bearbeitung eines zweiten Theiles sich nothwendig aus der bis=
herigen kümmerlichen Sphäre ganz erheben und

einen solchen Mann in höhere Regionen, durch würdigere Verhältnisse durchführen. Wie ich nun von meiner Seite dieses angegriffen, lag im Stillen vor mir, von Zeit zu Zeit zu einiger Fortarbeit anregend, wobei ich mein Geheimniß vor allen und jedem sorgfältig verwahrte, immer in Hoffnung, das Werk einem gewünschten Abschluß entgegenzuführen. Jetzt aber darf ich nicht zurückhalten und bei der Herausgabe meiner sämmtlichen Bestrebungen kein Geheimniß mehr vor dem Publikum verbergen. Vielmehr fühle ich mich verpflichtet, all mein Bemühen, wenn auch fragmentarisch, nach und nach vorzulegen. Deshalb entschließe ich mich zuvörderst, oben benanntes, in den zweiten Theil des Faust einzupassendes, in sich abgeschlossenes, kleineres Drama sofort bei der ersten Sendung der Werke mitzutheilen. Noch ist die große Kluft zwischen dem bekannten jammervollen Abschluß des ersten Theils und dem Eintritt der griechischen Heldenfrau nicht überbrückt."

2. Ein Bruchstück des ersten Actes.

So erscheint auch vom zweiten Theil zunächst ein Fragment, ein Zwischenspiel, welches in die

Mitte des Stückes gehört und den dritten Act aus=
machen soll. Jetzt sind die beiden großen Lücken
auszufüllen und zu ergänzen, welche zwischen dem
Schluß des ersten Theiles und dem Auftreten der
Helena, zwischen dem Ende der Helena und dem
schon längst fertigen Schlusse des Ganzen bestehen.
Die nächste Aufgabe liegt in der Ausführung der
beiden ersten Acte, um die Helena nicht mehr als
Zwischenspielerin, sondern als Heldin im Gange
des Stückes erscheinen zu lassen.

Die alte Volksdichtung erzählt, daß Faust den
Hof des Kaisers besucht und diesem den Alexander
hervorgezaubert, daß er später bei einem Gastmahl
in seinem eigenen Hause die Helena heraufbe=
schworen, sich in dieselbe verliebt und von Mephisto=
pheles ihren Besitz gefordert und erreicht habe.
Goethe hat nun die beiden Züge so combinirt, daß
sie der Anlage des zweiten Theiles angepaßt
wurden, nach welcher die Helena nicht in die Hölle
gehört und dem Mephistopheles unterthan ist, viel=
mehr der wiederbelebenden Kraft der Begeisterung
und Liebe gehorcht, die sie dem Schoße der Ver=
gangenheit entreißt und ins Dasein zurückruft. Er
läßt den Faust seinen neuen Lebensweg am Hofe

des Kaisers beginnen und diesem (nicht den Alexander und dessen Gemahlin, sondern auf seinen Wunsch) den Paris und die Helena heraufbeschwören. Die Erscheinung derselben und ihre Wirkung auf Faust bildet den Schluß des ersten Actes, der mit Fausts Erwachen zu neuem Leben (Prolog) anfängt und in den nächstfolgenden Scenen, die als „Staatsrath", „Mummenschanz", „Lustgarten" bezeichnet sind, uns die kaiserliche Pfalz vor Augen führt. Die Reihe dieser Scenen bis in den Anfang der vierten (der Zahl nach 1424 Verse, die fast drei Viertel des ganzen ersten Actes ausmachen) hat Goethe als Bruchstück im zwölften Bande der Ausgabe letzter Hand veröffentlicht, wo sie Ostern 1828 erschienen.

3. Die drei ersten Acte.

Nun war der erste Act zu vollenden und der zweite auszuführen, wobei sich der Dichter Aufgaben gesetzt hatte, welche die größten Schwierigkeiten enthielten, da Scenen zu gestalten waren, die ohne alle Mithülfe der Anschauung erfunden sein wollten. Um die Helena dem Kaiser heraufzubeschwören, sollte Faust „zu den Müttern" herabsteigen; um ihre Wiederbelebung von der

Perſephone zu erreichen, führte der Weg durch die „claſſiſche Walpurgisnacht"; um den Fauſt und Mephiſtopheles auf dieſem Wege zu geleiten, erſand ſich Goethe den „Homunculus", der aus der Werkſtätte Wagners hervorgehen ſollte.

Die ſchmerzlichſten Erſchütterungen, welche er noch zu erleben hatte, unterbrachen das langſam fortrückende Werk: der Tod ſeines fürſtlichen Freundes Karl Auguſt am 14. Juni 1828, der Tod der Großherzogin Luiſe am 14. Februar 1830 und der ſeines einzigen Sohnes, welcher den 28. October 1830 in Rom ſtarb; wenige Wochen nachher in der Nacht des 30. November erlitt Goethe einen heftigen Blutſturz. Seitdem er das große Bruch=
ſtück des erſten Actes zum Druck nach Augsburg geſendet (Januar 1828), vergingen faſt drei Jahre, bevor jene Aufgaben gelöſt und die drei erſten Acte fertig geſtellt waren. Den 27. Juli 1828 meldet er von Dornburg aus, wohin er ſich nach dem Tode des Großherzogs in die Einſamkeit zurück=
gezogen hatte: „Der Anfang des zweiten Actes iſt gelungen. Es kommt nun darauf an, den erſten Act zu ſchließen, der bis aufs letzte Detail erfun=
den iſt". Aber noch den 16. December 1829 ſchreibt

er: „Meine einzige Sorge und Bemühung ist nun, die zwei ersten Acte fertig zu bringen, damit sie sich an den dritten klüglich und weislich anschließen mögen". Erst nach Jahresfrist erhält Zelter die Nachricht, daß dieses Ziel erreicht sei. „Die zwei ersten Acte des Faust sind fertig. Die Exclamation des Cardinals von Este, womit er den Ariost zu ehren glaubte, möchte wohl hier am Ort sein: genug! Helena tritt zu Anfang des dritten Actes nicht als Zwischenspielerin, sondern als Heroine ohne weiteres auf. Der Decurs dieser dritten Abtheilung ist bekannt; inwiefern die Götter zum vierten Acte helfen, steht dahin. Der fünfte bis zum Ende des Endes steht auch schon auf dem Papier."[1]

Doch hatte Goethe jenes Ziel, wie es scheint, wohl schon im Sommer 1830 erreicht. Wir erfahren aus Eckermanns Mittheilungen, daß ihm der Dichter den Gang zu den Müttern den 10. Januar 1830 vorlas, daß vier Wochen später von der classischen Walpurgisnacht über die Hälfte vollendet und das Manuscript während der nächsten Wochen im Wachsen begriffen war. Vom 21. April bis

---

[1] Briefwechsel Goethes mit Zelter. Bd. V. S. 340. VI. S. 104 (4. Januar 1831).

zum 23. November war Eckermann, der den Sohn Goethes nach Italien begleitet hatte, von Weimar abwesend und wußte aus Briefen des Dichters, wie er diesem von Genf den 14. September 1830 schreibt, daß die Lücken und das Ende der classischen Walpurgisnacht glücklich erobert, die drei ersten Acte also vollkommen fertig, die Helena verbunden und demnach das Schwierigste gethan sei.[1]

4. Die beiden letzten Acte.

Es handelt sich noch um den vierten Act und den Anfang des fünften, der im vollsten Gegensatze zu dem rastlosen, jeden Augenblick unbefriedigten Faust mit dem idyllischen, in glücklichster Ruhe und Stille gealterten Ehepaar Philemon und Baucis beginnen sollte. Den Plan zu diesem Idyll hatte Goethe wohl schon 1800 gefaßt, gleichzeitig als er die Helena zur tragischen Heldin erhob; die Dichtung selbst war eines der spätesten Werke. Den 2. Mai 1831 schreibt Eckermann: „Goethe erfreute mich mit der Nachricht, daß es ihm in diesen Tagen gelungen, den bisher fehlenden Anfang des fünften

---

[1] Eckermann, Gespräche II. S. 116, 121, 123, 130 und 104 (4. Januar 1831).

Actes vom Faust fertig zu machen. Die Intention auch dieser Scenen, sagte er, ist über dreißig Jahre alt; sie war von solcher Bedeutung, daß ich daran das Interesse nicht verloren, aber so schwer auszuführen, daß ich mich davor fürchtete. Ich bin nun durch manche Künste wieder in Zug gekommen, und wenn das Glück gut ist, so schreibe ich jetzt den vierten Act hinter einander weg."[1] Und so geschah es.

Nach der Vollendung des Zwischenspiels standen zur Fortsetzung zwei Wege offen: vom Schluß des ersten Theiles zur Helena oder vom Schluß der Helena zu dem des Ganzen; Goethe konnte mit der Ausführung entweder des ersten oder des vierten Actes beginnen. In den Maitagen des Jahres 1827 stand er frischen Muthes auf dem Punkte, wo der zweite Weg vor ihm lag. „Nun soll das Bekenntniß im Stillen zu dir gelangen", schreibt er an Zelter, „daß ich durch guter Geister fördernde Theilnahme mich wieder an Faust begeben habe, und zwar gerade dahin, wo er, aus der antiken Wolke sich niederlassend, wieder seinem bösen Genius begegnet." „Von diesem Punkt an

---

[1] Eckermann, Gespräche. II. S. 229 flg.

gedenke ich weiter fortzuschreiten und die Lücke auszufüllen zwischen dem völligen Schluß, der schon längst fertig ist."[1]

Indessen hatte Goethe diesen Entschluß fallen lassen und den ersten Weg ergriffen, der ihn mehrere Jahre aufhielt. Es scheint, daß nach Vollendung der ersten drei Acte der vierte noch nicht viel weiter gediehen war, als der obige Brief an Zelter vom 24. Mai 1827 kundgiebt. Eckermann berichtet unter dem 13. Februar 1831: „Goethe erzählt mir, daß er im vierten Acte des Faust fortfahre, und daß ihm jetzt der Anfang so gelungen, wie er es gewünscht". „Ich werde nun diese ganze Lücke von der Helena bis zum fertigen fünften Acte durcherfinden und in einem ausführlichen Schema niederschreiben. Dieser Act bekommt wieder einen ganz eigenen Charakter, so daß er, wie eine für sich bestehende kleine Welt, sich dem Ganzen anschließt."[2]

Dieses sein letztes Werk hat er während des letzten Sommers, den er erleben sollte, in der Einsamkeit seines Gartenhauses vollendet. „Ich

---

[1] Briefwechsel. Bd. IV. S. 310 (24. Mai 1827).
[2] Eckermann, Gespräche. Bd. II. S. 178.

bin ganz ins innere Klostergartenleben beschränkt, um, damit ich es nur mit wenig Worten ausspreche, den zweiten Theil meines Faust zu vollenden. Es ist keine Kleinigkeit, was man im zwanzigsten Jahre concipirt hat, im zweiundachtzigsten außer sich darzustellen und ein solches inneres lebendiges Knochengerippe mit Sehnen, Fleisch und Oberhaut zu bekleiden, auch wohl dem fertig Hingestellten noch einige Mantelfalten umzuschlagen, damit alles zusammen ein offenbares Räthsel bleibe, die Menschen fort und fort ergötze und ihnen zu schaffen mache." So schreibt er den 1. Juni 1831 an Zelter.[1]

Er hatte sich vorgenommen, daß der zweite Theil des Faust druckfertig sein solle, bevor er selbst sein zweiundachtzigstes Jahr vollendet habe. Die Absicht wurde erfüllt. Schon den 20. Juli konnte er dem Freunde H. Meyer melden, daß jetzt das Ganze vor ihm liege und nur noch Kleinigkeiten zu berichtigen seien. „So ist nun ein schwerer Stein über den Berggipfel auf die andere Seite hinabgewälzt." Den 3. November 1787 hatte er

---

[1] Briefwechsel. Bd. VI. S. 193.

von Rom aus geschrieben: „Nun liegen noch zwei solche Steine vor mir, wie Faust und Tasso".

Das Werk war begonnen in der ersten Vollkraft des Genies, in jener productivsten Zeit seines Lebens, von der Goethe in Dichtung und Wahrheit sagt: „Mein Talent versagte mir nie, es gehorchte mir zu jeder Stunde". So entstand seine erste Faustdichtung. Ganz anders verhielt es sich mit der letzten. Er selbst äußert sich über diesen Contrast in einem Gespräch mit Eckermann vom 11. März 1828: „Ich hatte in meinem Leben eine Zeit, wo ich täglich einen gedruckten Bogen von mir fordern konnte, und es gelang mir mit Leichtigkeit. Meine Geschwister habe ich in drei Tagen geschrieben, meinen Clavigo, wie Sie wissen, in acht. Jetzt soll ich dergleichen wohl bleiben lassen, und doch kann ich über Mangel an Productivität selbst in meinem hohen Alter mich keineswegs beklagen." „Als mich vor zehn, zwölf Jahren in der glücklichen Zeit nach den Befreiungskriegen die Gedichte des Divan in ihrer Gewalt hatten, war ich productiv genug, um oft in einem Tage zwei bis drei zu machen, auf freiem Felde, im Wagen oder im Gasthof, es war mir alles gleich. Jetzt, am zweiten Theil meines Faust, kann ich nur in den frühen Stunden des Tages arbeiten, wo ich mich vom Schlaf erquickt und gestärkt fühle, und die Fratzen des täglichen Lebens mich noch nicht verwirrt haben. Und doch was ist es, das ich ausführe? Im allerglücklichsten Fall eine geschriebene Seite, in der Regel aber nur soviel, als man auf den Raum einer Handbreit schreiben könnte, und oft bei unproductiver Stimmung noch weniger."[1]

Ein so lange erstrebtes, zuletzt so mühsam erreichtes Ziel war gewonnen, und Goethe hatte das Gefühl, daß mit der Vollendung dieses Werkes seine Lebensaufgabe erfüllt sei. „Mein ferneres Leben kann ich nunmehr als ein reines Geschenk ansehen, und es ist jetzt im Grunde ganz einerlei, ob und was ich noch thue."[2]

Der letzte Brief, den Goethe nach dem Ausbruche der tödtlichen Krankheit an einem Tage scheinbarer Genesung, den 17. März 1832, an W. v. Humboldt schrieb, enthält noch ein Bekenntniß über den zweiten Theil des Faust. „Es sind über

---

[1] Eckermann, Gespräche III. S. 161 flg.
[2] Ebendas. II. S. 237.

sechszig Jahre, daß die Conception des Faust bei mir jugendlich von vornherein klar, die ganze Reihenfolge der Scenen hin weniger ausführlich vorlag. Nun hab' ich die Absicht immer sachte neben mir hergehen lassen und nur die mir gerade interessantesten Stellen durchgearbeitet, so daß im zweiten Theile Lücken blieben, durch ein gleichmäßiges Interesse mit dem Uebrigen zu verbinden. Hier trat nun freilich die große Schwierigkeit ein, dasjenige durch Vorsatz und Charakter zu erreichen, was eigentlich der freiwilligen thätigen Natur allein zukommen sollte. Es wäre aber nicht gut, wenn es nicht auch nach einem so lange thätig nachdenkenden Leben möglich geworden wäre, und ich lasse mich keine Furcht angehen: man werde das Aeltere vom Neueren, das Spätere vom Früheren unterscheiden können, welches wir dann den künftigen Lesern zur geneigten Einsicht übergeben wollen."

III. Aufführung.

In dem ersten Bande der nachgelassenen Werke erschien der zweite Theil des Faust, sechszig Jahre nach jenen Tagen in Wetzlar, wo Faust und

Werther gleichzeitig in unserem Dichter gährten. Für das große Publikum war das Werk ein Buch mit sieben Siegeln, es erschien ihm so dunkel und schwierig, daß die Absichten des Dichters vielleicht zu ergründen und zu ergrübeln, aber das Werk selbst nicht genußreich zu verstehen und zu lesen sei. Wohl fehlte es nicht an Stimmen der Anerkennung und Bewunderung, aber sie waren selten; die herrschende Meinung wurde von den Aussprüchen angesehener und berufener Kritiker genährt, welche aus den Schwächen des Werkes die seiner Wirkung erklärten. Es gab viele, die den ersten Theil des goetheschen Faust auswendig wußten und mit Begeisterung priesen, dagegen den zweiten kaum je gelesen hatten. Während der erste Theil in der vollsten Beleuchtung lag, blieb der zweite im tiefsten Schatten.

Dieser Verborgenheit hat die Bühne ein Ende gemacht. Am hundertjährigen Geburtstage des Dichters, den 28. August 1849, wurde in Dresden die Helena aufgeführt, die Karl Gutzkow als Dramaturg sinn- und wirkungsvoll in Scene setzte. Faust beschwört die Helena und erlebt die Vermählung mit ihr als Traumbild.

Zur hundertjährigen Feier der Ankunft Goethes in Weimar wurde dort im November 1875 zum ersten mal die ganze Fausttragödie vollständig aufgeführt: ein Verdienst, welches in der Geschichte des goetheschen Faust wie der deutschen Bühne sich Otto Devrient durch seine Inscenirung erworben hat. Diese Aufführungen sind wiederholt worden und nicht ohne die Nachfolge anderer Bühnen geblieben, die entweder das weimarsche Vorbild nachgeahmt oder auf eigene Art den zweiten Theil in Scene gesetzt haben.

Wir prüfen hier nicht, inwieweit diese Versuche gelungen sind, und ob sie fortbestehen werden. Keine noch so geschickte Bühnenkunst wird einem Mangel abhelfen können, der mit dem Charakter des Werkes selbst verknüpft ist. Wenn der Mythus oder die Fabel, wie Aristoteles und Lessing geurtheilt haben, zu den Hauptsachen gehört, die keiner dramatischen Dichtung fehlen dürfen, weil sie den Stoff der Handlung ausmachen, so gebricht dem zweiten Theile des goetheschen Faust diese Hauptsache: die erzählbare Begebenheit. Aber einen Erfolg, der nicht rückgängig gemacht werden kann, haben jene theatralischen Darstellungen gehabt:

das Werk hat aufgehört so gut wie unbekannt zu sein. Denn sehen ist populärer als lesen, und anschauen leichter als nachdenken.

Nachdem wir den Entwickelungsgang des goetheschen Faust von seiner Entstehung bis zu seiner Vollendung und theatralischen Laufbahn verfolgt haben, ist nun unsere Aufgabe, in den inneren Bau des Werkes selbst einzugehen, um die Idee und Composition desselben zu beurtheilen.

Sechstes Capitel.

Die Bestandtheile des Werkes.

I. Die alte und die neue Dichtung.

1. Die kritische Frage.

In jenem Briefe an W. v. Humboldt vom 17. März 1832, wohl dem letzten, den Goethe geschrieben hat, übergiebt er es den künftigen Lesern seines Faust, darin das Aeltere vom Neueren, das Frühere vom Späteren zu unterscheiden; er selbst befürchtet nicht, daß sie es vermögen werden. Dies ist nun unser gegenwärtiges Thema.

Was die Zeitunterschiede der Bestandtheile gleichsam die Schichten des Werkes betrifft, so sind wir in der Hauptsache schon durch den Entwickelungsgang des letzteren darüber belehrt. Wir wissen, daß die frühesten Theile in den Jahren 1773—1775 entstanden sind, daß 1788 zwei oder drei Scenen hinzukamen, und wie aus den vorhandenen Aufzeichnungen (Urfaust) auf die nunmehr bekannte Art das Fragment im Jahre 1790 hervorging; wir wissen ferner, daß die Dichtung in den Jahren 1797—1801 wieder aufgenommen, ergänzt und in die Gestalt gebracht wurde, welche als erster Theil der Tragödie 1808 erschien; vierundzwanzig Jahre später empfing die Welt als nachgelassenes Werk den zweiten Theil, welchen Goethe in den Jahren 1824—1831 ausgeführt hatte.

Das Jahr 1797 bildet den Wendepunkt, der die früheren und späteren Bestandtheile scheidet: wir dürfen jene insgesammt die alte, diese insgesammt die neue Dichtung nennen. Nun ist die eigentliche und hauptsächliche Frage: ob diese beiden Grundbestandtheile des Werkes trotz ihrer zeitlichen Verschiedenheit innerlich dergestalt zusammenhängen, daß sie die Glieder eines planmäßig entworfenen und durchgeführten Ganzen ausmachen? Dies ist die Grundfrage der kritischen Untersuchung.

2. Die Angaben Goethes.

Wir kennen die Aussagen des zweiundachtzigjährigen Dichters, nach denen sein Werk aus einer Grundidee oder Conception entsprungen sei, wenn auch die Ausführung über sechszig Jahre gedauert habe. Doch sind diese Zeugnisse unter sich selbst nicht einig. Was den Plan zum zweiten Theil betrifft, so will Goethe denselben jetzt im Jahre 1769, jetzt im Jahre 1771, jetzt im Jahre 1781 gefaßt haben. Daneben erfahren wir aus gleichzeitigen Briefen und Gesprächen, daß in der Ausführung jenes Theiles ganze Acte nicht bloß zu gestalten, sondern von Anfang bis zu Ende „durchzuerfinden" waren, was dem Dichter nur mit großer Mühe gelang und uns zu der Vorstellung nöthigt, daß jener frühe Plan nur eine sehr unbestimmte Idee gewesen sein könne.

Die erwähnten Zeugnisse sind aus der spätesten Zeit. Diesen treten frühere gegenüber, die den Anfängen der Dichtung um vieles näher stehen und wichtige Momente ihrer Wiederaufnahme und Erneuerung unmittelbar abspiegeln. Man vergleiche den Brief an Zelter vom 1. Juni 1831 mit dem Berichte vom 1. März 1788. Dort heißt es: „Es ist keine Kleinigkeit, was man im zwanzigsten Jahre concipirt hat, im zweiundachtzigsten außer sich darzustellen". Hier heißt es: „Zuerst ward der Plan zu Faust gemacht, und ich hoffe, diese Operation soll mir geglückt sein. Natürlich ist es ein ander Ding, das Stück jetzt oder vor fünfzehn Jahren ausschreiben; ich denke, es soll nichts dabei verlieren, besonders da ich jetzt glaube, den Faden wiedergefunden zu haben." Nach den Briefen an Zelter und Humboldt sollte man meinen, daß Goethe jenen Faden niemals verloren hatte, den er doch nach seiner eigenen, vierzig Jahre früher datirten Aussage erst wiederfinden mußte und auch nur glaubte wiedergefunden zu haben. Wäre der Plan zum Faust, wie wir nach dem letzten Briefe an Humboldt annehmen müssen, schon im Jahre 1772 „jugendlich von vornherein klar" gewesen, so hätte doch jene alte Dichtung aus den Jahren 1773—1775 die schon im Werk begriffene Ausführung desselben sein müssen; dann aber ist nicht zu verstehen, wie Goethe, ein Vierteljahrhundert später, den 22. Juni 1797, an Schiller schreiben konnte, daß er jetzt erst „die Ausführung des Planes, der eigentlich nur eine Idee sei, näher vorbereite". Hätte ein solcher einmüthiger Plan bestanden, so würde in keinem Zeitpunkte der Gestaltung seines Faust Goethe haben sagen können: „ich will diesen Tragelaphen loswerden".[1]

---

[1] Vgl. Buch II, Cap. II, S. 39—42; Cap. III, S. 87.

Wir setzen den Aussagen des Dichters nicht etwa u n s e r e Ansicht entgegen, sondern vergleichen jene unter sich und finden, daß über die Fassung und Zeit des Planes zum Faust die spätesten Zeugnisse schwanken, diesen aber die früheren so widerstreiten, daß nur die künstlichste Harmonistik versuchen könnte, die Uebereinstimmung beider zu erpressen. Je näher das Werk seinem Abschlusse rückt, um so mehr glaubt der Dichter die Bestandtheile desselben so verknüpft und in einander gefügt zu haben, daß kein künftiger Leser die Stückwerke werde unterscheiden können. In der hohen Vollendung der Jahre war Goethe einig mit sich, einiger als je zuvor. Sein Faust war er selbst. Unwillkürlich übertrug er die Harmonie und Einheit, diese vollkommenste Lebensfrucht, welche die Weisheit des Alters in ihm gereift hatte, auf die Dichtung, welche das Werk und Abbild seines Lebens war. Seine Aussagen insgesammt erwogen, so sollen wir nach den spätesten glauben, was wir nach allen früheren bezweifeln müssen: daß seine Fausttragödie aus einer ursprünglichen und fortwirkenden Grundidee concipirt war.[1]

---

[1] W. Scherer in seiner Schrift „Aus Goethes Frühzeit"

3. Das Zeugniß der Dichtung.

Nun aber haben wir über die innere und planmäßige Einrichtung unseres Gedichtes nicht bloß Goethen, sondern vor allem seinen Faust selbst zu hören. Wir werden auch die sichersten Zeugnisse für unrichtig halten, wenn sie durch die Stimme des Werkes selbst widerlegt werden. Dieses verkündet uns in der erhabensten Form, durch den „Prolog im Himmel" die Idee, die sein Grundthema ausmacht. Als Goethe im Juni 1797 diesen Prolog dichtete, war seit den Anfängen der alten Dichtung schon ein Vierteljahrhundert vergangen, das Fragment erschien achtzehn Jahre früher als der Prolog, der zur neuen Dichtung gehört, aber die gesammte Tragödie einführt und für beide Theile derselben, also auch für die alte Dichtung gelten will. Nun ist die Frage: ob diese letztere von der Idee des Prologes schon durchdrungen und beherrscht ist? So ist das Hauptthema der kritischen

---

(1879) erklärt sich über diesen Punkt folgendermaßen (S. 92): „Goethe selbst war darüber wohl nicht im Unklaren, wenn ihm auch nach dem Brief an W. v. Humboldt vom 17. März 1832 vor mehr als sechszig Jahren (d. h. vor dem Jahre 1772) die vorderen Partien des Faust mehr im Einzelnen bestimmt vorschwebten, als die hinteren".

Unterſuchung zu faſſen, dem alle übrigen Punkte ſich unterordnen.

Wir müſſen alſo ſehen, worin jene Idee beſteht, um ihre Tragweite ermeſſen und die Frage nach ihrer Geltung und gleichſam rückwirkenden Kraft ſtellen zu können; wir müſſen beide Dichtungen, die alte und neue, mit einander vergleichen, um dieſe Frage zu entſcheiden. Sollten wir zu dem Ergebniß gelangen, daß die alte Dichtung mit dem Prologe nicht übereinſtimmt, dann würde die Frage entſtehen: welcher Plan dem Dichter vorgeſchwebt haben mag, als er im Vollgefühle ſeiner titaniſchen Kraft die Faustragödie begann? „Meine titaniſchen Ideen waren nur Luftgeſtalten, die einer ernſten Epoche vorſpukten", ſchrieb Goethe in der Erzählung der italieniſchen Reiſe, als er im Januar 1788 von Rom aus auf die frankfurter Prometheuszeit zurückblickte. Erſt neun Jahre nach ſeiner Rückkehr von Italien entſtand der Prolog, welcher die Umdichtung der Sage enthielt und den Gedanken ausführte, den ſchon Leſſing gehabt und der Welt hinterlaſſen hatte. Dieſer Gedanke war die Rettung des Fauſt.[1]

---

[1] S. oben Buch I, Cap. XII, S. 214—220.

II. Die Zueignung und das Vorspiel.

1. Die Zueignung.

Man könnte die drei Gedichte, welche zur Einführung des ganzen Dramas dienen, Goethes Prolegomena zu seinem Faust nennen, sie bilden eine Trilogie, deren Thema in der Wiederbelebung und Eröffnung unserer Fausttragödie besteht. Die Grundstimmung des Dichters in der Erneuerung seines Jugendwerkes, in der Erfüllung seines Künstlerberufes, in der Abwendung von dem Beifall der Welt auf der von ihm erreichten einsamen Geisteshöhe offenbaren uns die Zueignung und das Vorspiel; die Grundidee der Dichtung giebt der Prolog.

„Meine titanischen Ideen waren Luftgestalten, die einer ernsten Epoche vorspukten", hatte Goethe von jenem Sturm und Drange gesagt, woraus seine erste Faustdichtung als der gewaltigste Ausdruck seiner titanischen Ideen hervorgegangen war. Je weiter sich der Dichter von seiner Prometheuszeit entfernt, je ernster und reicher seine Lebensanschauung, je bewußter und maßvoller sein künstlerisches Schaffen sich gestaltet, um so nebelhafter, schwankender, Wahngebilden vergleichbar, erschein=

en ihm jene Luftgestalten. Vergeblich sucht er sie wiederzuverdichten und festzuhalten. „Unser Balladenstudium", so schreibt er an Schiller den 22. Juni 1797, „hat mich wieder auf diesen Dunst- und Nebelweg gebracht." Er steht den Fünfzigen nahe, als er die Schöpfung seiner Jünglingskraft wiedererneuert und sie ihn wiederverjüngt. Mitten in dem Kreise lebensvollster Jugendgenossen war das Gedicht entstanden, dem jene einst mit Begierde und Entzücken gelauscht hatten; das freundliche Gedränge ist zerstoben, die Wege des Dichters sind einsam geworden, viele seiner Jugendgenossen schon aus dem Leben geschieden. Die Erinnerung überwältigt ihn, er ruft den Genius seiner Vergangenheit an gleich einer Muse, er widmet sein Gedicht den Geistern, die es miterlebt und geweckt haben. Die Muse kommt und reicht ihm, wie eine Medea, den Trank der Verjüngung. Einen solchen Zaubertrank hatte nur Goethes Muse. Jedes Wort dieser Zueignung ist inhaltschwer, es ist so tief erlebt, daß es wie eine Inspiration aus dem Herzen des Dichters hervorgeht.

> Ihr naht euch wieder, schwankende Gestalten,
> Die früh sich einst dem trüben Blick gezeigt.

Versuch' ich wohl euch diesmal festzuhalten?
Fühl' ich mein Herz noch jenem Wahn geneigt?
Ihr drängt euch zu! Nun gut, so mögt ihr walten,
Wie ihr aus Dunst und Nebel um mich steigt;
Mein Busen fühlt sich jugendlich erschüttert
Vom Zauberhauch, der euren Zug umwittert.

Ihr bringt mit euch die Bilder froher Tage,
Und manche liebe Schatten steigen auf;
Gleich einer alten halbverklungnen Sage
Kommt erste Lieb' und Freundschaft mit herauf;
Der Schmerz wird neu, es wiederholt die Klage
Des Lebens labyrinthisch irren Lauf,
Und nennt die Guten, die, um schöne Stunden
Vom Glück getäuscht, vor mir hinweggeschwunden.

Sie hören nicht die folgenden Gesänge,
Die Seelen, denen ich die ersten sang;
Zerstoben ist das freundliche Gedränge,
Verklungen, ach! der erste Widerklang.
Mein Leid ertönt der unbekannten Menge,
Ihr Beifall selbst macht meinem Herzen bang,
Und was sich sonst an meinem Lied erfreuet,
Wenn es noch lebt, irrt in der Welt zerstreut.

Und mich ergreift ein längst entwöhntes Sehnen
Nach jenem stillen, ernsten Geisterreich,
Es schwebet nun in unbestimmten Tönen
Mein lispelnd Lied, der Aeolsharfe gleich,
Ein Schauer faßt mich, Thräne folgt den Thränen,
Das strenge Herz, es fühlt sich mild und weich;
Was ich besitze, seh' ich wie im Weiten,
Und was verschwand, wird mir zu Wirklichkeiten.

2. Das Vorspiel.

Gleichzeitig mit unserem Faustfragmente war die erste deutsche Uebersetzung der Sakuntala des Kalidasa erschienen, worin ein Gespräch zwischen dem Schauspieldirector und einer Schauspielerin dem Drama voranging; Goethe hatte Forsters Uebersetzung kennen gelernt, und das Beispiel des indischen Dichters gab ihm die Anregung zu seinem Vorspiel, worin der Director und die lustige Person, die den Beifall des Theaterpublikums gewinnen möchten, mit dem Dichter auftreten und von diesem ein Stück begehren, das ihren Wünschen entspricht, denn sie wollen bezahlt und beklatscht sein.

Wir hören den Dichter der Zueignung, den der Beifall der unbekannten Menge eher schreckt als anlockt: „Ihr Beifall selbst macht meinem Herzen bang!" Er ist kein Theaterdichter nach dem Herzen des Directors:

> O sprich mir nicht von jener bunten Menge,
> Bei deren Anblick uns der Geist entflieht.
> Verhülle mir das wogende Gedränge,
> Das wider Willen uns zum Strudel zieht.
> Nein, führe mich zur stillen Himmelsenge,
> Wo nur dem Dichter reine Freude blüht;

> Wo Lieb' und Freundschaft unsres Herzens Segen
> Mit Götterhand erschaffen und erpflegen.
>
> Ach! was in tiefer Brust uns da entsprungen,
> Was sich die Lippe schüchtern vorgelallt,
> Mißrathen jetzt und jetzt vielleicht gelungen,
> Verschlingt des wilden Augenblicks Gewalt.

Aus solchen einsamen Selbstgesprächen war einst der Werther und der Faust entstanden. Unter seinen genialen Jugendwerken, die im Drange des Augenblicks geschaffen und vom Jubel der Welt begrüßt wurden, erscheint jetzt dem gereiften Dichter so vieles mißrathen und verfehlt. Langsam reiften seine Meisterwerke. Jahre vergingen über der Vollendung des Egmont, der Iphigenie und des Tasso:

> Oft wenn es erst durch Jahre durchgedrungen,
> Erscheint es in vollendeter Gestalt.
> Was glänzt ist für den Augenblick geboren;
> Das Echte bleibt der Nachwelt unverloren.

Aus dem Dichter der Sturm- und Drangzeit ist nun ein echter Künstler geworden, der den Beruf und die Kraft fühlt, die Herzen zu ergreifen, die chaotischen Gewalten zu bemeistern, die Harmonie, welche ihn selbst erfüllt, im Wohllaut des Gedichtes, in der Schönheit planmäßiger, lebens- und bedeutungsvoller Kunstwerke der Welt mitzutheilen und zu offenbaren. Und von ihm verlangt man „ein Stück in Stücken". Der Director muthet es ihm zu: „Solch ein Ragout, es muß euch glücken!"

Ihr fühlet nicht, wie schlecht ein solches Handwerk sei!
Wie wenig das dem echten Künstler zieme!

Ein solcher Dichter soll den Geschäftsleuten der Theaterinteressen helfen, ihr Publikum ein paar Stunden zu amüsiren! Ihm sagt man: „Sucht nur die Menschen zu verwirren, sie zu befriedigen ist schwer!"

Geh hin und such' dir einen andern Knecht!
Der Dichter sollte wohl das höchste Recht,
Das Menschenrecht, das ihm Natur vergönnt,
Um deinetwillen freventlich verscherzen!
Wodurch bewegt er alle Herzen?
Wodurch besiegt er jedes Element?
Ist es der Einklang nicht, der aus dem Busen dringt,
Und in sein Herz die Welt zurücke schlingt?
Wenn die Natur des Fadens ew'ge Länge,
Gleichgültig drehend, auf die Spindel zwingt,
Wenn aller Wesen unharmon'sche Menge
Verdrießlich durch einander klingt;
Wer theilt die fließend immer gleiche Reihe
Belebend ab, daß sie sich rhythmisch regt?
Wer ruft das Einzelne zur allgemeinen Weihe,
Wo es in herrlichen Accorden schlägt?
Wer läßt den Sturm zu Leidenschaften wüthen?
Das Abendroth im ernsten Sinne glühn?

> Wer schüttet alle schönen Frühlingsblüthen
> Auf der Geliebten Pfade hin?
> Wer flicht die unbedeutend grünen Blätter
> Zum Ehrenkranz Verdiensten jeder Art?
> Wer sichert den Olymp, vereinet Götter?
> Des Menschen Kraft im Dichter offenbart.

Wenn die hohe Vollendung des echten Künstlers sich vereinigen ließe mit jener Fülle jugendlicher Dichterkraft, die in den Tagen, wo sein Talent ihm nie versagte, den Götz und Werther, Prometheus und Faust schuf! Um dichterisch auf die Welt zu wirken, muß man die Herzen der Jugend erschüttern; um es zu können, muß man selbst noch jung sein. Die lustige Person mahnt den Dichter an diese empfänglichen, begeisterungsfähigen Herzen:

> Sie ehren noch den Schwung, erfreuen sich am Schein;
> Wer fertig ist, dem ist nichts recht zu machen;
> Ein Werdender wird immer dankbar sein.

Hier überwältigt den Dichter des Vorspiels die Erinnerung an die eigene Jugend, wie den der Zueignung ihr Zauberhauch mit sich fortriß:

> So gieb mir auch die Zeiten wieder,
> Da ich noch selbst im Werden war,
> Da sich ein Quell gedrängter Lieder
> Ununterbrochen neu gebar,

> Da Nebel mir die Welt verhüllten,
> Die Knospe Wunder noch versprach,
> Da ich die tausend Blumen brach,
> Die alle Thäler reichlich füllten.
> Ich hatte nichts und doch genug,
> Den Drang nach Wahrheit und die Lust am Trug.
> Gieb ungebändigt jene Triebe,
> Das tiefe schmerzenvolle Glück,
> Des Hasses Kraft, die Macht der Liebe,
> Gieb meine Jugend mir zurück!

Das Vorspiel nennt die Fausttragödie nicht, aber die alte ist offenbar mehr nach dem Geschmack der Theaterleute, als die neue.

III. Der neue Faustmythus.

1. Die Idee der Rettung.

Schon in dem Magus unserer Volkssage war ein erhabener Zug sichtbar, welchen das älteste Faustbuch, Marlowes Tragödie und das deutsche Volksschauspiel hervorgehoben hatten: der Drang nach höchster Erkenntniß, das Trachten nach Zauberkräften aus unbefriedigtem Wissensdurst. „Er nahm Adlerflügel an sich und wollte alle Gründe im Himmel und auf Erden erforschen!" Je heller die Zeiten werden, um so mehr erleuchtet sich in dem Sagenbilde des Faust dieser Zug, diese an=

geborene Höhenrichtung seines Geistes: sie erscheint als das eigentlich Faustische. Wissensdurst ist auch Weltdurst. Eine solche Natur muß die Welt erleben und geht den Weg der Leidenschaften, welcher, mit Dante zu reden, durch den Wald der Verirrungen führt, sie wird von den Versuchungen der Welt erfaßt und tief in Schuld verstrickt werden, sie kann fallen, aber vermöge ihrer Höhenrichtung nicht sinken, sondern muß mitten in den Verdunkelungen des Lebens dem Licht und der Läuterung zustreben. Eine aufwärts gerichtete und emporstrebende Menschennatur ist gut. „Ein guter Mensch in seinem dunklen Drange ist sich des rechten Weges wohl bewußt." Es stand schon bei Lessing fest, daß die Teufel nicht siegen sollten. Das Prometheische ist nicht diabolisch, sondern göttlich; das Faustische ist unzerstörbar, unverberblich. Wenn jener Compaß, den die Natur zu seiner Mitgift gemacht hat, die ursprüngliche Richtung verliert, wenn das hohe Streben vernichtet und das Heer der niederen Begierden in ihm zur Herrschaft gebracht werden kann: dann ist Faust verloren und das Böse hat gesiegt.

Daß es nicht siegt und Faust die Rettung erringt, deren Bürgschaft er in sich trägt, will nun die neue Dichtung zeigen, sie muß daher ihren Faust mit dem Versucher verkehren und eine Art Pact schließen lassen: in diesem Punkte macht die neue Fabel noch gemeinsame Sache mit der alten. Nur kann der Vertrag beider nicht mehr auf eine bestimmte Frist lauten, nach deren Ablauf Faust rettungslos dem Teufel gehört und der Hölle verfällt: in diesem Punkte verläßt die neue Dichtung ganz den Weg und die Richtung der alten. Faust ist nur in einem Falle verloren: wenn er sich selbst verliert, wenn er aufhört zu ringen und zu streben, wenn seine Kraft im Genusse der Welt verschüttet, begraben, erstickt wird, wenn er im Genusse — jeder ist beschränkt — beharrt und sich der Lust — jede ist momentan — verknechtet, wenn mit einem Worte an die Stelle des Strebens das Behagen an sich und die Selbstzufriedenheit tritt! Dies aber läßt sich nicht ausmachen durch einen Pact, sondern nur durch eine Probe, durch eine solche, die das ganze Leben umfaßt: die Lebensprobe! Es kommt darauf an, ob er diese Probe besteht: darum allein handelt es sich in dem Vertrage zwischen ihm und dem Satan. „Ich werde sie bestehen!" „Du wirst sie nicht bestehen!" So treten beide einander gegenüber. Die Entscheidung liegt in keinem Termin, sondern in einer zunächst ungewissen Zukunft; daher ist die Form des Vertrages die Wette: „Das Streben meiner ganzen Kraft ist gerade das, was ich verspreche!"

> Werd' ich beruhigt je mich auf ein Faulbett legen,
> So sei es gleich um mich gethan!
> Kannst du mich schmeichelnd je belügen,
> Daß ich mir selbst gefallen mag,
> Kannst du mich mit Genuß betrügen;
> Das sei für mich der letzte Tag!
> Die Wette biet' ich!
> Werd' ich zum Augenblicke sagen:
> Verweile doch! du bist so schön!
> Dann magst du mich in Fesseln schlagen,
> Dann will ich gern zu Grunde gehn!
> Dann mag die Todtenglocke schallen,
> Dann bist du deines Dienstes frei,
> Die Uhr mag stehn, der Zeiger fallen,
> Es sei die Zeit für mich vorbei!

Der Termin ist das Lebensziel, bedingt nicht durch eine Frist, sondern durch den Verlust der Wette. So erscheint nach dem Ausgange dieser Fausts Schicksal zunächst ungewiß und problematisch, keineswegs ausgemacht, wie in der Volkssage. Diese ist völlig verlassen. Man wolle mir nicht entgegnen, daß ja auch bei Goethe auf die Wette ein schriftlicher, mit Blut unterzeichneter Pact folgt. Weit entfernt, die Volkssage in diesem Zuge nachzuahmen, wollte der Dichter vielmehr den Unterschied zwischen einer solchen Wette und einem solchen Pact grell dadurch erleuchten. Hier ist der Pact nicht furchtbar, sondern absurd und lächerlich. „Auch was Geschriebnes forderst du Pedant?" „Wenn dies dir völlig G'nüge thut, so mag es bei der Fratze bleiben." Wenn Faust die Wette verliert, so hat er sich verloren, und alles ist entschieden. „Wie ich beharre, bin ich Knecht, ob dein, was frag' ich, oder wessen." Es ist vollkommen lächerlich, einen Schein auszustellen und mit Brief und Siegel zu versprechen, daß etwas geschehen soll, was geschehen ist!

Eben deshalb, weil der Gegenstand dieser Wette Faust selbst ist, sein eigenes innerstes Wesen, kann ihr Ausgang nicht zweifelhaft sein. Als in dem früher erwähnten Gespräche Sulpiz Boisserée über den Schluß der Fausttragödie bemerkte: „Ich denke mir, der Teufel behalte Unrecht", erwiderte Goethe: „Faust macht im Anfang dem Teufel eine Bedingung, woraus alles folgt". Diese Bedingung liegt in der Wette.[1] Entweder der Augenblick, der ihn befriedigt, kommt nie, so hat er die Wette auch dem Wortlaute nach gewonnen; oder er kommt, dieser Augenblick der Befriedigung, wie er kommen muß im Wege echter Läuterung, wie er kommen muß, um das Ziel des Lebens und der Handlung zu erfüllen und die Wette zum Austrage zu bringen, so wird Faust die letztere scheinbar verloren, in Wahrheit gewonnen haben. Denn was ihn jetzt befriedigt, liegt nicht im Gewühle der Weltzerstreuung und der Weltgenüsse, sondern ist ein so geläutertes und durch eigene Kraft erhöhtes Dasein, daß der Teufel erst recht sein Spiel verloren hat. Sein Genuß ist die Frucht seiner Arbeit, ist der Blick auf den großen, segensreichen Wirkungskreis, den er geschaffen, auf das Land, das er den Elementen abgerungen, bebaut und in eine Menschenwelt verwandelt hat, in einen Schauplatz strebender Geschlechter nach seinem Bilde. Was ihn beglückt, ist die Saat, die er ausstreut und andere ernten sollen: das Vorgefühl dieser Ernte, welche nach ihm kommt! Es giebt nichts Größeres! Ein so erfülltes Lebensziel, eine so bestandene Lebens-

---

[1] S. oben Bd. II, Cap. V, S. 117.

probe ist ein Wohlgefallen für Götter, kein Triumph für den Teufel, und wenn er noch so viele Scheine hätte. Ein erhabener Greis, am äußersten Ziele der Tage, in der Thatkraft des Herrschers, sich vergessend in seinem Werke, bekennt er in seinen letzten Worten:

> Ja! diesem Sinne bin ich ganz ergeben,
> Das ist der Weisheit letzter Schluß:
> Nur der verdient sich Freiheit wie das Leben,
> Der täglich sie erobern muß.
> Und so verbringt, umrungen von Gefahr,
> Hier Kindheit, Mann und Greis sein tüchtig Jahr.
> Solch ein Gewimmel möcht' ich sehn,
> Auf freiem Grund mit freiem Volke stehn.
> Zum Augenblicke dürft' ich sagen:
> Verweile doch! Du bist so schön!
> Es kann die Spur von meinen Erdentagen
> Nicht in Aeonen untergehn! —
> Im Vorgefühl von solchem hohen Glück
> Genieß' ich jetzt den höchsten Augenblick.

Er hat sich die Unsterblichkeit errungen als die Frucht seines Strebens, Engel tragen den unsterblichen Faust empor unter Triumphgesang:

> Gerettet ist das edle Glied
> Der Geisterwelt vom Bösen:
> Wer immer strebend sich bemüht,
> Den können wir erlösen;

Und hat an ihm die Liebe gar
Von oben theilgenommen,
Begegnet ihm die selige Schaar
Mit herzlichem Willkommen.

„In diesen Versen", sagte Goethe selbst, „ist der Schlüssel zu Fausts Rettung enthalten."[1]

2. Das Thema des Prologs.

Von der Wette aus eröffnet sich die freie Aussicht über das ganze Werk vom Prologe bis zum Schluß. Der Schluß der Dichtung ist durch die Wette bedingt, wie diese durch den Charakter des Faust. Ohne die Idee der Wette konnte auch der Prolog nicht entstehen, da er sie vorbereitet und motivirt. Sie ist freilich erst vier Jahre später ausgeführt worden, weil sie in das Fragment einzufügen war, was dem Dichter Schwierigkeiten ganz besonderer Art verursachte. Aus der Idee der Wette erleuchtet sich das Thema des Prologs.

Das Streben nach dem Höchsten ist von Gott und nicht vom Satan, es findet durch den Wald der Verirrungen den Weg zum Licht: darin erfüllt eine erhabene Menschennatur, wie die faust-

---

[1] Eckermann, Gespr. III, S. 236 (den 6. Juni 1831).

ische, das Gesetz ihrer Entwickelung. Wer eine solche Natur mit dem Blicke der Herzenskündigung durchschaut, sieht das Ziel voraus; es erfüllt sich, wie der Herr im Prologe aus göttlicher Einsicht verkündet:

> Wenn er mir jetzt auch nur verworren dient,
> So werd' ich ihn bald in die Klarheit führen.
> Weiß doch der Gärtner, wenn das Bäumchen grünt,
> Daß Blüth' und Frucht die künft'gen Jahre zieren.

Hier wagt es der Satan, dem Herrn die Wette zu bieten:

> Was wettet ihr? den sollt ihr noch verlieren,
> Wenn ihr mir die Erlaubniß gebt,
> Ihn meine Straße sacht zu führen!

Der Herr wettet nicht, er durchschaut den Entwickelungsgang des Faust; er weiß, daß Blüth' und Frucht die künft'gen Jahre zieren, er antwortet dem Versucher nur: du darfst!

> So lang er auf der Erde lebt,
> So lange sei dir's nicht verboten.
> Es irrt der Mensch, so lang er strebt.

An der hochstrebenden Natur des Faust möge der Satan alle seine Künste aufbieten:

> Nun gut, er sei dir überlassen!
> Zieh diesen Geist von seinem Urquell ab,
> Und führ' ihn, kannst du ihn erfassen,
> Auf deinem Wege mit herab,
> Und steh' beschämt, wenn du bekennen mußt:
> Ein guter Mensch in seinem dunklen Drange
> Ist sich des rechten Weges wohl bewußt.

Hier sind wir in der goetheschen Dichtung an jener Stelle, die uns in der Ferne erschien, als wir in dem Entwickelungsgange des Faustmythus die Höhe Lessings erreicht hatten. Das Thema des Prologs war auch bei Lessing das himmlische Wort: „Ihr sollt nicht siegen!" Aber dieses Wort hatte hier nur die Bedeutung eines Epilogs, es war wie der Ausspruch eines deus ex machina, nachdem eine Versammlung von Höllengeistern Fausts Verderben beschlossen hatte. Der Prolog zum goetheschen Faust spielt nicht unter Teufeln, sondern im Himmel: die Entscheidung über den Faust wird hier nicht wie ein dunkles Schicksal behandelt, das ihm bereitet wird, sei es der Vernichtung oder der Rettung, sondern es ist das Gesetz seiner eigenen Entwickelung, das uns in himmlischer Klarheit einleuchtet, bevor es sich im Drange des Lebens erfüllt. Dies ist die Bedeutung des goetheschen Prologs, der die neue Dichtung beherrscht, und dessen tiefen Sinn wir nur unter diesem Gesichtspunkte verstehen können. Ich versuche, die Erklärung in ihrem ganzen Umfange zu geben.

In dem Schicksale des Faust, welches einen Augenblick wie schwebend erscheint zwischen dem Herrn und dem Satan, handelt es sich um die Lebensfrage der Menschheit. Wenn ein solches Streben, aus eigenster Kraft entsprungen und auf das Höchste gerichtet, zu nichte gemacht und erstickt werden kann, wenn sich in diesem Menschen das Wort des Mephistopheles wirklich bewährt: „Staub soll er fressen und mit Lust, wie meine Muhme, die berühmte Schlange!" so giebt es überhaupt in der Menschenwelt nichts wahrhaft Erhabenes, so ist das Menschengetriebe ein leeres Possenspiel, so ist alles menschliche Streben erfolglos, kein Emporsteigen, sondern ein beständiges Fallen, und der Mensch ist, wie Mephistopheles dem Herrn ins Angesicht die Art des Menschen verspottet:

> Er scheint mir, mit Verlaub von Euer Gnaden,
> Wie eine der langbeinigen Cikaden,

> Die immer fliegt und fliegend springt
> Und gleich im Gras ihr altes Liedchen singt;
> Und läg' er nur noch immer in dem Grase!
> In jeden Quark begräbt er seine Nase.

Dann ist das höchste Streben das erfolgloseste, unter den menschlichen Thorheiten die größte, unter den Narrheiten „die Tollheit". Daß es sich nicht so verhält, daß die Menschheit zur Lösung einer göttlichen Weltaufgabe berufen ist, daß dieser Beruf sich in ihrem Streben offenbart, bezeugt der Herr mit einem Beispiel, indem er hinweist auf den Faust. Er nennt ihn seinen Knecht. „Kennst du den Faust?" „Den Doctor?" fragt Mephistopheles, den diese Art von Gottesknecht nicht irre macht. Gerade dieser zeigt, daß er Recht hat: unter den Thoren ist er der größte, unter den Narren der Tolle, um so verrückter, als er selbst fühlt, wie erfolglos sein Streben ist, und dennoch darin beharrt:

> Fürwahr! er dient euch auf besondre Weise.
> Nicht irdisch ist des Thoren Trank und Speise.
> Ihn treibt die Gährung in die Ferne,
> Er ist sich seiner Tollheit halb bewußt:
> Vom Himmel fordert er die schönsten Sterne
> Und von der Erde jede höchste Lust,

Und alle Näh' und alle Ferne
Befriedigt nicht die tiefbewegte Brust.

So gilt Faust dem Herrn wie dem Satan als Repräsentant oder Typus der Menschheit. In diesem Sinne nimmt ihn die neue, durch den Prolog eingeführte Dichtung: eben darin besteht die philosophische Fassung des Faustmythus, welche Schiller gefordert hatte, damit die alte und rohe Volksfabel zur Darstellung einer Vernunftidee diene.[1] Das Wesen und die Bestimmung der Menschheit liegt in ihrer fortschreitenden Läuterung. Kant hatte wenige Jahre früher in seiner Religionslehre die tiefsinnige Abhandlung „Vom Kampfe des guten und bösen Princips um die Herrschaft über den Menschen" verfaßt; Fichtes Weltansicht war von der Idee des absoluten Strebens durchdrungen.

Zu dem Thema unseres Prologs gehört der große Proceß, welchen im Hinblick auf die Menschheit, auf deren Gebrechen und Elend der Advokat des Bösen wider die Schöpfung führt: es handelt sich darum, ob der Teufel mit der Nichtigkeit der Menschenwelt Recht behält oder nicht. Er darf nicht

---

[1] S. oben Bd. II, Cap. III, S. 67—69.

bloß, er soll den Beweis führen. Was wäre auch das menschliche Streben, wenn es nicht die Probe der Welt bestände? Was wäre diese Probe ohne Versuchung? Wenn Gott gewinnen soll, muß der Teufel sein Spiel verlieren: er muß daher mitspielen mit dem ganzen Aufgebot aller ihm dienstbaren Kräfte. Der Geist der Versuchung gehört in die sittliche Welt und hilft widerwillig am Werke der Schöpfung; ein Streben, welches die Welt und ihre Versuchungen nicht erfahren, durchgekämpft, überwunden hat, sinkt schlaff und kraftlos zu Boden. Daher das Wort des Herrn:

Des Menschen Thätigkeit kann allzuleicht erschlaffen,
Er liebt sich bald die unbedingte Ruh;
Drum geb' ich gern ihm den Gesellen zu,
Der reizt und wirkt und muß als Teufel schaffen.

Wie aber könnte der Versucher es mit einem Faust aufnehmen, wenn er nicht unter den Widersachern der göttlichen Weltordnung, unter den Geistern, die „verneinen", weil sie vernichten wollen, der listigste und verschlagenste wäre, ein Meister in allen Künsten der Täuschung und Berückung? Einen Teufel dieser Art, einen schlauen und menschenkundigen, der zu reizen versteht, der es versteht, einen Faust zu reizen, braucht der Herr und läßt ihn mit himmlischer Ruhe gewähren:

> Du darfst auch da nur frei erscheinen;
> Ich habe Deinesgleichen nie gehaßt.
> Von allen Geistern, die verneinen,
> Ist mir der Schalk am wenigsten zur Last.

An einem Manne, wie Faust, kann ein solcher Teufel sein Meisterstück machen. Die gewöhnliche Menschenart reizt ihn nicht. „Ich mag sogar die armen selbst nicht plagen." Aber ein Faust, den der Herr selbst seinen Knecht nennt! Aus dem Knechte Gottes den des Teufels machen! Das ist eine Arbeit, welche der Mühe lohnt: „Wenn ich zu meinem Zweck gelange, erlaubt Ihr mir Triumph aus voller Brust." Eine solche Arbeit gewährt und gönnt ihm der Herr. Mephistopheles weiß diese Gunst zu schätzen. Gegen einen solchen Arbeitsgeber wird ein solcher Teufel nicht streiken:

> Von Zeit zu Zeit seh ich den Alten gern,
> Und hüte mich, mit ihm zu brechen.
> Es ist gar hübsch von einem großen Herrn,
> So menschlich mit dem Teufel selbst zu sprechen.

Dieser goethesche Prolog vergegenwärtigt uns

ein biblisches Vorbild. Eines Tages treten die Kinder Gottes vor den Herrn, unter ihnen der Satan. Auf die Frage des Herrn, woher er komme, antwortet der Satan, er habe weit das Land umher durchzogen. „Hast du nicht Acht gehabt auf meinen Knecht Hiob? Es ist Seinesgleichen nicht im Lande." Und der Satan erwidert: „Meinst du, daß Hiob dich umsonst fürchtet? Strecke deine Hand gegen ihn aus, taste an alles, was er hat; was gilt's, er wird dir fluchen!"

Goethe hatte den Anfang des Buches Hiob vor Augen, als er den Prolog zum Faust dichtete. Die Kinder Gottes sind hier die Erzengel, der Satan ist Mephistopheles. Die Erzengel preisen die Werke der Schöpfung, das Leben der Natur im Ganzen und Großen, in der oberen und unteren Welt, im Gang der Gestirne, in den Wandlungen des irdischen Daseins, im Wechsel von Tag und Nacht, von Ebbe und Fluth, von Sturm und Gewitter. Welches großartige Bild des Erdenlebens, mächtig in jedem Wort und in jedem Laut, in seiner Kraft ähnlich den elementarsten Gewalten, läßt der Dichter in dem Gesange Gabriels vor uns aufgehen!

> Und schnell und unbegreiflich schnelle
> Dreht sich umher der Erde Pracht;
> Es wechselt Paradieseshelle
> Mit tiefer schauervoller Nacht;
> Es schäumt das Meer in breiten Flüssen
> Am tiefen Grund der Felsen auf,
> Und Fels und Meer wird fortgerissen
> In ewig schnellem Sphärenlauf.

Erhaben über den Wechsel der irdischen Dinge, tagt ungetrübt die Herrlichkeit Gottes, ihr Anblick stärkt die Kinder des Lichts:

> Doch deine Boten, Herr, verehren
> Das sanfte Wandeln deines Tags.
> Der Anblick giebt den Engeln Stärke,
> Da keiner dich ergründen mag,
> Und alle deine hohen Werke
> Sind herrlich, wie am ersten Tag.

Den Erzengeln gegenüber steht Mephistopheles, die Weltordnung meisternd, wie ein Exercitium Gottes, worin eine ganze Partie von Fehlern wimmelt: die kleine, disharmonische, von Elend und Gebrechen erfüllte Menschenwelt; sie ist auch, wie am ersten Tag, nicht eben wunderbar, nur „wunderlich", sie bleibt sich auch gleich, ungereimt und thöricht, wie immer. Die sogenannte Vernunft ist das Irrlicht, welches ihr Gott auf den Weg in die Welt mitgegeben hat:

Von Sonn- und Welten weiß ich nichts zu sagen,
Ich sehe nur, wie sich die Menschen plagen.
Der kleine Gott der Welt bleibt stets von gleichem Schlag,
Und ist so wunderlich als wie am ersten Tag.
Ein wenig besser würd' er leben,
Hätt'st du ihm nicht den Schein des Himmelslichts gegeben;
Er nennt's Vernunft und braucht's allein,
Nur thierischer als jedes Thier zu sein.

Und nun läßt Mephistopheles über das Possenspiel der Menschheit und deren erfolgloses Treiben jenen Spott ergehen, dem der Herr die Frage entgegensetzt: „Kennst du den Faust?" Mephistopheles kennt nur den Anblick der verworrenen Welt. Was ihm in der Schöpfung völlig verborgen bleibt und gerade den Charakter dieses göttlichen Kunstwerks, das Leben, den Reichthum und die Schönheit der Welt ausmacht, ist der ihr angeborene Entwickelungsdrang zur Klarheit: „das Werdende". In dem Gewühl der Erscheinungen die dauernden Gedanken zu erkennen, im Werden das Sein, vermag nur die liebevolle, von der Schönheit der Welt ergriffene Betrachtung, zu welcher die Kinder des Lichts berufen sind:

Doch ihr, die echten Göttersöhne,
Erfreut euch der lebendig reichen Schöne!

> Das Werdende, das ewig wirkt und lebt,
> Umfaß' euch mit der Liebe holden Schranken,
> Und was in schwankender Erscheinung schwebt,
> Befestiget mit dauernden Gedanken.

Jetzt ist die Grundidee, welche den Plan der neuen Dichtung ausmacht, vollständig klar. Ihr Thema von ewigem Inhalt, der Fall und die Läuterung des Menschen, erhebt den Faust Goethes zu unserer divina commedia und rechtfertigt die Vergleichung mit Dante. Die Wette, die Mephistopheles dem Herrn anbietet, und welche der Herr nicht als Wette annimmt, sondern als Faustprobe dem Versucher zugleich gewährt und aufgibt, motivirt die Wette zwischen Faust und Mephistopheles und mit dieser den Schluß und die Lösung. So gewinnen wir vom Prologe aus einen freien Blick über die goethesche Fausttragödie in ihrem ganzen Verlauf: vom Anfang im Himmel durch das große Welt- und Lebensproblem, das sich in jenem Bündniß zwischen Faust und Mephistopheles darstellt, bis zur bestandenen Probe, dem Schlusse des zweiten Theils, der Vollendung des Ganzen.

Siebentes Capitel.

Der Plan der Rettung nach Goethes neuer Dichtung.

I. Das Schlußwort des Vorspiels.

Bevor wir unsere Aufgabe weiter verfolgen und zur Vergleichung der beiden Dichtungen fortschreiten, treten uns in Ansehung der neuen über die Absicht und Art der Rettung des Faust gewisse Bedenken entgegen, welche schon wegen der Stimme, die sie geltend macht, zu wichtig sind, um unbeachtet zu bleiben. Das Schlußwort des Vorspiels und eine Stelle im Prolog haben jene Einwürfe Fr. Th. Vischers hervorgerufen, die ich, wie derselbe gegen mich auszuführen gesucht hat, in der ersten Ausgabe dieser Schrift nicht richtig gewürdigt haben soll.[1]

Das Vorspiel auf dem Theater schließt mit der Aufforderung des Directors:

---

[1] Friedr. Theob. Vischer: Altes und Neues. Heft II. Stuttgart 1881. S. 27—75.

> So schreitet in dem engen Bretterhaus
> Den ganzen Kreis der Schöpfung aus,
> Und wandelt mit bedächt'ger Schnelle
> Vom Himmel durch die Welt zur Hölle.

Nach dem Prologe soll das Ziel der Faust= tragödie der Himmel, nach dem Vorspiel die Hölle sein. Indessen löst sich dieser scheinbare Wider= spruch ohne Mühe, wenn man bedenkt, daß im Prologe der Herr, im Vorspiele der Theaterdirector das große Wort führt. Ein anderes ist das Pro= gramm des Directors, ein anderes der Prolog des Dichters. Dem Director hat der Dichter nicht die Idee seines Werkes, nur den Theaterzettel anver= traut und durfte ihm nicht mehr überlassen. Und versteht man unter Hölle nicht das letzte, sondern das erste Ziel unserer Dichtung, ich meine die Wette, welche Faust mit dem Satan eingeht, so darf selbst der Theaterzettel mit Recht sagen: „Vom Himmel durch die Welt zur Hölle". Ueber= dies erscheint am letzten Ende, wenn auch keines= wegs der Sieg, doch der Rachen der Hölle, der nach der Beute schnappt, die ihm entgeht.

Diese Erklärung bestreitet Vischer. Nach ihm können die letzten Worte des Vorspiels, ernsthaft genommen, nichts anderes bedeuten als die Endstation in der Laufbahn des Faust und den wirklichen Sieg der Hölle, womit das Vorspiel dem Prologe widerstreite. Wolle man sich diesen Widerspruch aus dem Wege räumen, so dürfe man jenes Schlußwort nicht ernsthaft nehmen, sondern nur als einen Spaß, als eine Neckerei des Lesers ansehen, die etwas zu muthwillig sei, weil sie die Mehrzahl der Leser verwirre. Oder man müßte annehmen, daß unser Vorspiel viel früher sei als der Prolog und noch aus einem Plane des Dichters herrühre, nach welchem Faust der Hölle verfallen sollte. Vischer selbst nennt diese Annahme „sehr kühn". Mir scheint sie unzulässig, denn es ist nicht möglich, daß in dem Zeitraum 1797—1801, innerhalb dessen auch nach Vischers Meinung Vorspiel und Prolog verfaßt sind, jenes „bedeutend früher" als dieser entstanden sein kann, und zwar in einem Zeitpunkte, wo Goethen selbst das Thema seines Prologs noch fremd war.[1]

Unter allen Fausttragödien ist die Goethes wohl

---

[1] Fr. Vischer: Goethes Faust. Neue Beiträge zur Kritik des Gedichts (Stuttgart 1875). Abschn. II, S. 7 flg. — Altes und Neues. Heft II, S. 43 flg.

die erste und einzige, die im Himmel beginnt. Wenn das Vorspiel auf den Prolog hinweist, wie es ihm unmittelbar vorausgeht, so muß ich seine letzten Worte voll und ganz auf Goethes Faust= tragödie beziehen, und ich kann mich nicht dazu entschließen, von der Schlußzeile die ersten fünf Worte ernsthaft zu nehmen und die beiden letzten spaßhaft. Mir bleibt keine andere Erklärung als die meinige.

Aber was zwingt uns überhaupt, das Vorspiel so zu beziehen, daß es auf unsere Fausttragödie hinweisen und mit seinem Schlußwort deren Prolog ankündigen soll? Das Stück, welches der Director und die lustige Person sich wünschen, der Dichter aber von sich ablehnt, erinnert nicht an den goethe= schen Faust, wohl aber an die alte Faustkomödie, worin die lustige Person eine so beliebte Haupt= rolle spielte, das Publikum so viel zu gaffen hatte, und Faust selbst auf einem Drachenwagen in den Himmel und dann durch die Welt zur Hölle fuhr. Auf dieses Stück passen die Worte so ernsthaft und so spaßhaft, wie man sie nehmen will:

> Und wandelt mit bedächt'ger Schnelle
> Vom Himmel durch die Welt zur Hölle.

II. Die Idee der Rettung nach dem Prologe.

Auf die Worte des Satans:

> Was wettet Ihr? den sollt Ihr noch verlieren,
> Wenn Ihr mir die Erlaubniß gebt,
> Ihn meine Straße sacht zu führen!

antwortet der Herr:

> So lang er auf der Erde lebt,
> So lange sei dir's nicht verboten.
> Es irrt der Mensch, so lang er strebt.

Diese Worte sollen nach Vischers wiederholter Auslegung das Schicksal des Faust in den „schwersten Knoten" verwickeln, der nicht aufzulösen, sondern nur zu durchhauen sei. Jetzt könne die Rettung Fausts nicht mehr aus eigener Kraft, durch natürliche Klärung und Läuterung im Wege des irdischen Lebens geschehen, sondern müsse durch einen Eingriff von oben, durch einen himmlischen Machtspruch als Entrückung ins Jenseits bewerkstelligt werden. Die Rettung liegt im Streben. Diese Idee habe uns der Dichter durch die Himmelfahrt des Faust anschaulich dargestellt: in dieser symbolischen Anwendung läßt Vischer die Himmelfahrt gelten und bedeutet mich, daß ich ihm die

Verwerfung derselben mit Unrecht zugeschrieben habe. Mögen Engel den geretteten Faust emportragen mit den Worten: „Wer immer strebend sich bemüht, den können wir erlösen!" Wenn aber nach den Worten des Herrn an allem menschlichen Streben der Irrthum haftet, so kann kein Streben die Bürgschaft der Rettung in sich tragen und wenn vollends alles irdische Menschenleben von den Banden des Irrthums umstrickt bleibt, so ist kein Mensch, wer es auch sei, in dieser Welt aus eigenem Streben, sondern nur durch den deus ex machina zu retten: daher denn auch die Art der Rettung zuletzt in gothischem Stile ausfalle, nachdem noch dicht vor dem Ende Faust die Gewaltthat gegen die guten alten Leute begangen und dadurch schwere Schuld auf sich geladen habe. Es giebt nach den Worten des Herrn trotz allem Streben im menschlichen Dasein keinen über den Irrthum erhabenen und der Versuchung entrückten Moment, keinen, dem gegenüber der Satan sein Spiel verloren geben müßte. Wird der Spielraum der Versuchung auf das irdische Dasein eingeschränkt, so scheint dem Satan die Aussicht auf den Gewinn um so sicherer, denn der sinnliche Mensch fällt von einer

Versuchung in die andere und ist wie eine Beute, mit der sich spielen läßt, weil sie nicht entrinnt. Auf die Bestimmung des Herrn: „So lang er auf der Erde lebt, so lange sei dir's nicht verboten", entgegnet Mephistopheles:

> Da dank' ich Euch; denn mit den Todten
> Hab' ich mich niemals gern befangen.
> Am meisten lieb' ich mir die vollen frischen Wangen.
> Für einen Leichnam bin ich nicht zu Haus;
> Mir geht es, wie der Katze mit der Maus.

Und wie der Herr auf die hochstrebende Natur des Faust hinweist, der sich in seinem dunklen Drange des rechten Weges wohl bewußt sei, giebt ihm der Satan sein eigenes Wort zurück: „Es irrt der Mensch, so lang er strebt!" Wenn nur die Rückfälle nicht wären, die langbeinige Cikade, die fliegend springt und gleich im Gras ihr altes Liedchen singt! Das ist es, was Mephistopheles dem Herrn erwidert:

> Schon gut! nur dauert es nicht lange.
> Mir ist für meine Wette gar nicht bange.

Der Herr streitet nicht. Es scheint, er hat nichts weiter zu sagen, es giebt in diesem Streite kein letztes Wort. Verläßt sich der Herr auf das

Streben, so verläßt sich der Teufel auf das Irren und wird immer wieder entgegnen: „Du sagest selbst, es irrt der Mensch, so lang er strebt!" Auf diese Art bleibt der Streit unentschieden und der Ausgang der Wette für immer problematisch: es giebt keinen Zeitpunkt, in welchem der Teufel bewiesenermaßen sein Spiel verloren haben könnte oder verloren geben müßte. Soll die Sache zu Ende gebracht werden, so kann es nur geschehen durch einen Machtspruch des Herrn, durch eine Art himmlischen Staatsstreichs, welchen auch der Herr schon im Schilde führt; er hat bei sich beschlossen, in einem gegebenen Zeitpunkte Halt zu gebieten und den Faust emporsteigen zu lassen in das Reich der Seligen. So ist der Schluß des Ganzen nicht das Ziel einer moralischen Entwickelung, sondern das Werk einer göttlichen Machination.[1]

Ich glaube, daß eine solche Auslegung dem Sinne des Herrn wie dem des Dichters zuwider-

---

[1] Vgl. Fr. Vischer: Kritische Bemerkungen über den I. Theil des Goetheschen Faust und namentlich den Prolog im Himmel. (Monatsschrift des wissenschaftlichen Vereins in Zürich 1857.) — Goethes Faust. Neue Beiträge zur Kritik des Gedichts (1875). S. 205—260. — Altes und Neues. Heft II (1881). S. 44—56.

läuft. Der Herr sollte wirklich auf die Gegenreden des Mephistopheles nicht zu antworten wissen und im Stillen denken: sage, was du willst, du wirst schon sehen, wie die Sache zu Ende geht, ich werde einschreiten und das Weiterspielen verbieten. Er hat ja schon erklärt, was er nur wiederholen könnte:

> Wenn er mir jetzt auch nur verworren dient,
> So werd' ich ihn bald in die Klarheit führen.
> Weiß doch der Gärtner, wenn das Bäumchen grünt,
> Daß Blüth' und Frucht die künft'gen Jahre zieren.

Demnach soll die Läuterung des Faust die Frucht seiner naturgemäßen Entwickelung sein, die der Herr durchschaut, aber nicht fabricirt; sie ist keine Verklärung von außen herein, keine Transfiguration, die dem Faust mit Wolken unter die Arme greift. Und die Worte, welche der Herr auf die ihm angebotene Wette erwidert:

> So lang er auf der Erde lebt,
> So lange sei dir's nicht verboten,
> Es irrt der Mensch, so lang er strebt.

sprechen keineswegs wider die Läuterung aus eigener Kraft. Läuterung ist nicht Unfehlbarkeit. Es giebt in dem aufwärts strebenden Lebensgange eine errungene Höhe, die zwar den Irrthum nicht von sich ausschließt, wohl aber den Fall in das Netz des Versuchers. Es wäre schlimm, wenn dem nicht so wäre! Auch der Meister irrt, der große Denker wie der große Künstler, sie streben und irren; aber der Irrthum des Meisters macht ihn nicht zum Stümper und nicht zum Schüler, wirft ihn nicht zurück in die Probezeit. Was vom Talent gilt, wird doch auch von der sittlichen Willenskraft gelten dürfen? Es wäre schlimm, wenn dem nicht so wäre, wenn es nicht eine sittliche Erhabenheit gäbe, die erreicht werden soll und kann, nicht frei von Irrthum, aber unantastbar für die Versuchung, nicht **unfehlbar**, aber **unverführbar**: eine Charakterhöhe, die sich aus dem Strudel der Welt emporgerungen hat und in deren Genüsse nie wieder untertaucht, nie mehr in die Wege geräth, wo der Teufel sein Wild jagt und mit ihm Katze und Maus spielt. Um eine solche Läuterung handelt es sich in der Tragödie des Faust. Wird sie erreicht, so ist die Wette gewonnen, gleichviel ob Mephistopheles ja sagt oder nicht; er wird nein sagen, denn für ihn giebt es in der Menschenwelt keine Entwickelung, keinen Fortschritt, keinen Höhenweg: diese Einsicht bleibt auch dem schlauesten der Teufel verschlossen. Jene Läuterung aber, von deren Höhe kein Weg mehr abwärts führt in die Fallstricke des Versuchers, wird erreicht und zwar ohne himmlische Zuthat. Eben darin liegt bei der Gleichartigkeit des Themas der Unterschied zwischen Dante und Goethe, zwischen dem Dichter des Mittelalters und dem der neuen Zeit: daß bei diesem das Leben selbst das gewaltige Fegefeuer, die Welt selbst das große Purgatorium ist, und die Entwickelungsstufen einer bedeutenden Menschennatur zugleich Läuterungsstufen sind.

Ob Goethe die Absicht einer solchen fortschreitenden Erhebung und Läuterung des Faust in seiner Dichtung erfüllt hat, mag den Kritikern nach der Art ihrer Auffassung fraglich sein. Daß er aber diese Absicht gehabt hat, ist nicht fraglich. „Wer immer strebend sich bemüht, den können wir erlösen!" In diesen Worten der Engel liegt, wie der Dichter ausdrücklich erklärt hat, „der Schlüssel zur Rettung des Faust". Nun glaube ich nicht, daß der Herr durch jenen Ausspruch im Prologe die eigenen Engel Lügen gestraft und dem Faust, seinem Knechte, die Rettung durch die Kraft des eigenen Wesens verriegelt hat. Der Herr meint: so lange der Mensch auf Erden lebt, ist er den Schlingen der Versuchung ausgesetzt, was den Versucher bis zuletzt hoffen läßt, ihn zu fangen: „Es irrt der Mensch, so lang er strebt". Denn das Irren gehört zu jenen Hemmungen, ohne welche das Streben insgesammt überflüssig, ja unmöglich wäre. Alle irren, die Guten streben aufwärts, weil das Bewußtsein des Irrthums sie drückt. Der Herr meint nicht: so lange der Mensch auf Erden lebt, liegt er in den Stricken des Teufels und bleibt darin hängen, wenn nicht von jenseits die himmlischen Heerschaaren kommen, um ihn zu erlösen. Der Versucher bittet um die Erlaubniß, den Faust seine Straße sacht zu führen. Der Herr läßt ihn gewähren, er giebt ihm die Erlaubniß, d. h. er verbietet es nicht: „So lang er auf der Erde lebt, so lange sei dir's nicht verboten!" Der Herr ist seiner Sache sicher, in seinen Worten liegt ein erhabener Humor, seine Erlaubniß klingt wie eine Einladung: versuche diesen Erdensohn, du hast Zeit und darfst bis zuletzt immer noch auf die Möglichkeit hoffen, ihn zu fangen, denn es irrt der Mensch, so lang er strebt! —

Entweder ist alles menschliche Streben erfolglos, wie der Teufel meint, dann ist es so gut wie keines; oder es hat seinen Erfolg und thut seine Wirkung, dann ändert sich in Folge des Strebens auch die Art der Irrthümer, und sie gewinnen einen Charakter, womit der Teufel nichts anfangen kann. Wir wissen, welche Aufgabe und Bedeutung Goethe dem zweiten Theile seiner Dichtung zuschrieb: dieser müsse sich aus der bisherigen kümmerlichen Sphäre ganz erheben und einen Mann wie Faust in höhere Regionen, durch würdigere Verhältnisse durchführen.[1]

Jeder Act des zweiten Theils bedeutet in dem Fortgange des Helden eine Stufe der Erhebung und Läuterung: die Welterfahrung am kaiserlichen Hofe, wo Faust das Leben im Großen erblickt, den Verfall eines Reiches vor sich sieht, die öffentlichen Uebel und deren Ursache durchschaut und eine Gesichtsweite gewinnt, die ihn den gegenwärtigen Weltzustand erkennen läßt; dann seine Vertiefung in das Reich der idealen Vergangenheit, der Gang zu den Müttern, die Beschwörung der Helena, die Wanderung durch die Schattenwelt des Alterthums, die classische Walpurgisnacht, die Vermählung mit der Helena; zuletzt die Betheiligung an

---

[1] S. oben Buch II, Cap. V, S. 122—123.

den Kämpfen der Welt, die Ergreifung großer praktischer Aufgaben, welche in die Zukunft gerichtet sind, die Arbeit für kommende Geschlechter, die nicht den Ruhm begehrt, sondern die That: „Ich fühle Kraft zu kühnem Fleiß". „Die That ist alles, nichts der Ruhm."

Er steht schon auf einer Höhe, wo er tief unter sich den Genuß sieht und das erhabene Wort ausspricht: „Genießen macht gemein!" Hier beginnt seine letzte Läuterungsstufe, die sich auf dem Gipfel des Alters, im rastlosen und thatkräftigen Eifer des Herrschers, in der Schöpfung eines neuen, durch Arbeit gesegneten Weltzustandes, in der freudigen Entsagung und in dem Triumphe vollendet, daß die künftigen Geschlechter ernten werden, was er gesäet hat. Der Eifer eines gewaltigen Menschen, der ins Große wirkt, ist nie ohne Leidenschaft, ohne Thaten, die das Einzelwohl zerstören und unser Mitleid wider ihn aufregen. Die Gewaltthat, wodurch Faust das Idyll des alten glücklichen Ehepaares vernichtet, ist ohne Zweifel eine schwere Schuld; sie ist eines jener Verbrechen, wie die fortschreitende Herrschaft der Cultur zahllose verübt. Was aber hat mit einer Schuld solcher Art der

Teufel zu schaffen, wenn man nicht überhaupt den Lauf der Welt als teuflisch verdammen will? Auch kann ein Mann wie Faust eine solche Schuld schwer empfinden, ohne darüber zu lamentiren.

Es ist eine viel verbreitete Ansicht, daß der zweite Theil unseres Gedichtes unauflösliche Räthsel enthalte und deshalb bei weitem schwieriger zu verstehen sei als der erste. Ich halte diese Meinung für unrichtig. Versteht man unter Schwierigkeiten solche Fragen, deren Auflösung viel zu denken und zu ergründen giebt, so ist der erste Theil schon wegen der ungleichartigen Elemente, woraus er besteht, weit schwieriger als der zweite, welcher gleichmäßig von einer Idee beherrscht wird: der Idee fortschreitender Läuterung, die symbolisch ausgeführt sein wollte. Dadurch kam manches Räthselhafte in die Dichtung, und Goethe hat nach seiner eigenen Aussage „viel hineingeheimnißt"; sie enthält im Einzelnen eine Menge Schwierigkeiten, die durch Scholien aus dem Wege geräumt sein wollen und mit der Erforschung des tiefsinnigen Werks wenig gemein haben.

Was den zweiten Theil im Großen und Ganzen betrifft — er ist gleich seiner Helena „bewundert viel und viel gescholten" — so sind die Ideen desselben, nämlich die Läuterungsstufen des Faust dem Dichter aus seiner eigenen innersten Lebenserfahrung hervorgegangen und dürfen die normale Gültigkeit in Anspruch nehmen, welche wir Goethes persönlicher Entwickelung zuschreiben. Die Dichtung ist in ihrer Tiefe erlebt trotz allen Künsteleien, welche hier und da die Oberfläche kräuseln und verschnörkeln. Wenn auf der äußersten Höhe des menschlichen Alters seine Gestaltungskraft abnahm, so hat diese Art der Altersschwäche, die auch erlebt sein will, und deren sich Goethe selbst sehr wohl bewußt war, die Weisheit seiner Weltbetrachtung niemals getrübt: eine Weisheit, die sich den Vorwurf gefallen lassen darf, daß sie alt war. Im Ganzen ist die Symbolik der letzten Dichtung des Faust nicht gesucht, denn die Aufgabe war nicht anders zu lösen. Was der Mensch in seinem Innersten gewinnt und wird, ist ein Inhalt, der in keine Form einer äußeren Handlung aufgeht, der sich nicht dramatisch, sondern nur symbolisch darstellen läßt. Wie sich die dramatische Handlung zur Leidenschaft verhält, so verhält sich zur Läuterung die bedeutsame. Was Goethe in Italien erlebt hat, läßt sich erzählen und ist, was die Erzählung seiner Reise schildert; dagegen die Bedeutung dieser Lebensepoche, die in ihm fortwirkte, und aus der, bildlich zu reden, seine Vermählung mit der Helena hervorging, ist kein äußeres Erlebniß und doch mehr als alle Begebenheiten zusammen. Nicht in dem, was man erlebt, sondern wie man es erlebt, liegt die Bedeutung des Daseins und der Sinn unserer Lebensereignisse. In den Schlußworten des Faust ist es gesagt, ein Wort, welches dem zweiten Theile der Dichtung wie zur Ueberschrift dienen könnte: „Alles Vergängliche ist nur ein Gleichniß".

Achtes Capitel.

Die Vergleichung der beiden Dichtungen.

I. Der Prolog und die alte Dichtung.

Der Prolog, der nach seiner Entstehung zur neuen Dichtung gehört und ihren Anfang ausmacht, will das Grundthema der ganzen Tragödie enthalten, inbegriffen die alte Dichtung, die ein Vierteljahrhundert vor ihm begonnen wurde und bereits achtzehn Jahre gedruckt vorlag, als der Prolog erschien. Nun könnte es sein, daß der Plan oder Grundgedanke der Tragödie, den der Prolog ausspricht, im Kopfe des Dichters schon so alt war, wie die Dichtung selbst, und daß er diesen Plan „jugendlich von vornherein klar" gefaßt hatte, wie jener letzte Brief dicht vor seinem Lebensende besagt. Wir haben Goethes eigene Angaben über diesen Punkt mit einander verglichen und gefunden, daß die spätesten Zeugnisse, obwohl selbst nicht einig unter sich, die durchgängige Einheit der Faust=

tragödie und die Ursprünglichkeit des Grundgedankens behaupten, während die früheren, welche die sichersten sind, nichts von einem solchen ersten und fortbeständigen Plane wissen. Vielmehr bezeugen sie das Gegentheil. Anders äußerte sich der Dichter über die Conception des Faust vor dem Prologe und zur Zeit, als derselbe entstand, anders nachdem durch den Prolog das ganze Werk unter die Herrschaft einer planmäßigen Einheit gestellt war.

Wir haben diese Grundidee kennen gelernt und werden nun aus dem Werke selbst die Frage nach dem Verhältniß seiner beiden Bestandtheile zu entscheiden suchen, indem wir ihre Differenzen erst von seiten der alten, dann von seiten der neuen Dichtung erleuchten. Wir wollen diese charakteristischen Unterschiede jetzt nicht erklären, sondern nur feststellen.

II. Die alte Dichtung, verglichen mit der neuen.

Gleich in seinem ersten Selbstgespräche, womit die alte Dichtung beginnt, versucht Faust, um seinen Durst nach Erkenntniß und Leben zu stillen, die Kraft der Magie nicht zur Beschwörung eines

Höllengeistes, sondern er ruft den Erdgeist an, der ihm auch in all seiner Macht und Lebensfülle von Angesicht zu Angesicht erscheint. Von einer solchen Erscheinung findet sich in den Volksbüchern und dem Volksschauspiele noch keine Spur, aber auch keine mehr in Goethes neuer Dichtung, während in der alten der Erdgeist zu einer fortwirkenden, in die Handlung eingreifenden Rolle bestimmt war, wie aus zwei Scenen hervorgeht, deren eine noch im Fragment enthalten ist, die andere dagegen erst später in die Schlußscenen des ersten Theiles aufgenommen wurde, obwohl sie weit früher verfaßt war und unter die ältesten Stücke gehört: jene ist Fausts Monolog unter der Ueberschrift „Wald und Höhle", diese das Gespräch zwischen Faust und Mephistopheles mit der Bezeichnung „Trüber Tag. Feld".

Der Monolog beginnt mit den Worten:

> Erhabner Geist, du gabst mir, gabst mir alles,
> Warum ich bat. Du hast mir nicht umsonst
> Dein Angesicht im Feuer zugewendet.
> Gabst mir die herrliche Natur zum Königreich,
> Kraft, sie zu fühlen, zu genießen.

Dieser erhabene Geist, der ihm in Flammen

erschienen war, ist der Erdgeist. Bei seiner ersten Erscheinung hatte er dem Faust alles versagt; jetzt, wie wir vernehmen, hat er ihm alles gewährt. Die alte Dichtung war also darauf angelegt, daß der Erdgeist im Leben des Faust fortwirken und seine erste Erscheinung nicht die einzige bleiben sollte. Die Schlußworte lauten:

> O daß dem Menschen nichts Vollkommnes wird,
> Empfind' ich nun. Du gabst zu dieser Wonne,
> Die mich den Göttern nah und näher bringt,
> Mir den Gefährten, den ich schon nicht mehr
> Entbehren kann, wenn er gleich, kalt und frech,
> Mich vor mir selbst erniedrigt, und zu nichts
> Mit einem Worthauch deine Gaben wandelt.
> Er facht in meiner Brust ein wildes Feuer
> Nach jenem schönen Bild geschäftig an.
> So tauml' ich von Begierde zu Genuß,
> Und im Genuß verschmacht' ich nach Begierde.

Dieser Gefährte ist Mephistopheles, welchen der Erdgeist dem Faust zugesellt hat. Der Mephistopheles der alten Dichtung ist daher kein Satan, kein Höllengeist, sondern ein Elementargeist irdischer Art, der wohl die Rolle des Teufels spielen, ersetzen, parodiren kann, aber kein Teufel ist im eigentlichen Sinne, kein Satan, wie ihn die neue Dichtung braucht und der Prolog einführt. Dies sind nicht etwa Folgerungen oder Vermuthungen, die wir aus den Worten des Dichters herausklügeln, sondern es ist der einfache und ausdrückliche Inhalt dieser Worte selbst.

Daß es der Erdgeist war, welcher dem Faust den Mephistopheles zum Gefährten gegeben, bestätigt jene zweite, von uns angeführte Scene. Faust eilt vom Hexensabbath zurück, um Gretchen zu retten, deren entsetzliches Schicksal ihm Mephistopheles verhehlt hat. Wuthentbrannt herrscht Faust ihn an: „Hund! Abscheuliches Unthier! — Wandle ihn, du unendlicher Geist, wandle den Wurm wieder in seine Hundsgestalt, wie er sich oft nächtlicher Weile gefiel vor mir herzutrotten, dem harmlosen Wanderer vor die Füße zu kollern und sich dem niederstürzenden auf die Schultern zu hängen. Wandl' ihn wieder in seine Lieblingsbildung, daß er vor mir im Sand auf dem Bauch krieche, ich ihn mit Füßen trete, den verworf'nen!" — „Großer, herrlicher Geist, der du mir zu erscheinen würdigtest, der du mein Herz kennest und meine Seele, warum an den Schandgesellen mich schmieden, der sich am Schaden weidet und am Verderben sich letzt?"

Man hat aus der Zeit, in welcher Goethe diese

Scene dictirt, dann veröffentlicht hat, ohne Rücksicht auf die Forderungen der Logik und Kritik schließen wollen, daß dieselbe nicht vor 1806 entstanden sein könne.[1] Indessen hatte Wieland, wie K. A. Böttiger berichtet, diesem schon zehn Jahre früher, den 12. November 1796, von eben derselben Scene gesprochen. „Schade nur", habe Wieland gesagt, „daß dieser Faust, wie wir ihn jetzt in Goethes Faust haben, ein aus früheren und späteren Arbeiten zusammengeflicktes Werk ist, und daß die interessantesten Scenen, z. B. im Gefängnisse, wo Faust so wüthend wird, daß er selbst den Mephistopheles erschreckt, unterdrückt worden sind."[2] Es giebt keine andere Scene, auf welche diese Merkmale passen, als die unserige, nur daß sie nicht im Gefängnisse stattfindet, sondern mit der nächstfolgenden im Angesichte des Rabensteins unmittelbar der Kerkerscene vorhergeht. Goethes Freunden in Weimar war diese Scene schon seit zwanzig Jahren bekannt, als Wieland mit Böttiger darüber sprach. Nur sie konnte Einsiedel bei jenen Versen vom 6. Januar 1776 ge-

---

[1] Vgl. oben Bd. II, Cap. I, S. 31 flgd.; II, S. 47, S. 58 flgd.

[2] Böttiger: Litt. Zustände und Zeitg. (1838). I, S. 21.

meint haben, wo es von Goethen heißt: „Paradirt sich drauf als Doctor Faust, daß dem Teufel selber vor ihm graust".[1] Jetzt ist durch die göchhausensche Abschrift urkundlich festgestellt, daß diese Scene zu der ältesten Dichtung gehört, sie ist wohl fünfzehn Jahre früher entstanden als der Monolog „Wald und Höhle", aber beide so weit auseinander liegende, durch die weimarische und römische Epoche im Leben des Dichters getrennte Scenen beruhen auf dem ursprünglichen Plan, nach welchem Faust nicht den Höllengeist, sondern den Erdgeist beschwört, und Mephistopheles nicht als Satan, sondern als ein irdischer Dämon und Bote des Erdgeistes auftritt.

Statt der Hölle erscheint „der Welt- und Thatengenius"! Von einer solchen Conception findet sich in der Faustdichtung vor Goethe keine Spur, sie war von dem Feuergeist des Sturms und Drangs inspirirt und verschwand aus der neuen Dichtung, denn Goethe hatte jene Epoche völlig ausgelebt, als er sein Werk wieder aufnahm.

In jener ersten Scene hat der Erdgeist den

---

[1] Vgl. oben Cap. II, S. 30—31; II, S. 47, S. 53—59; Cap. III, Seite 80—81.

Fauſt nur die Nichtigkeit und Ohnmacht ſeines winzigen Daſeins fühlen laſſen: „Biſt du es, der, von meinem Hauch umwittert, in allen Lebenstiefen zittert, ein furchtſam weggekrümmter Wurm!" Sein letztes Wort hieß: „Du gleichſt dem Geiſt, den du begreifſt, nicht mir!"

Hätte dieſe Erſcheinung die einzige ſein und bleiben ſollen, ſo iſt unmöglich, daß in einer folgenden Scene Fauſt dem Erdgeiſt mit voller Befriedigung dankt: „Du gabſt mir alles, warum ich bat!" Vielmehr hat er ihm ja alles verſagt. Es iſt unmöglich, daß in einer weiteren Scene Fauſt den Erdgeiſt wie ſeinen Genius anruft: „Großer herrlicher Geiſt, der du mir zu erſcheinen würdigteſt, der du mein Herz kenneſt und meine Seele!" Er hat ja auf ihn heruntergeblickt wie auf einen Wurm, und Fauſt, im Gefühle ſeiner Nichtigkeit, iſt vor ihm zuſammengeſtürzt. Offenbar mußten dieſe Scenen mit der erſten Erſcheinung des Erdgeiſtes durch Mittelglieder verknüpft werden, um zwiſchen dem Erdgeiſt und Fauſt die Annäherung herbeizuführen und eine Art Verkehr zu ſtiften. Dieſe Mittelglieder mußten im Plane der alten Dichtung liegen, aber ſie ſind nicht ausgeführt worden, bis

auf eine Scene, welche ich für ein solches Mittel=
glied halte und später hervorheben werde.

Als Goethe in Italien seinen Faust fortsetzen
wollte, suchte er in dem handschriftlichen Werke,
das er mit sich führte, die Anknüpfungspunkte.
Er las die Scene: „Trüber Tag, Feld". Faust
mußte dem Erdgeist nahe gekommen sein, dieser
mußte seine Wünsche erfüllt haben. Was hatte
Faust erfleht? In seinem ersten Monologe stand
es mit inbrünstigen Worten:

> Daß ich erkenne, was die Welt
> Im Innersten zusammenhält,
> Schau' alle Willenskraft und Samen
> Und thu' nicht mehr in Worten kramen.
>
> Ach! könnt' ich doch auf Bergeshöhn
> In deinem lieben Lichte gehn,
> Um Bergeshöhle mit Geistern schweben,
> Auf Wiesen in deinem Dämmer weben,
> Von allem Wissensqualm entladen
> In deinem Thau gesund mich baden!

Diesen Wunsch hat ihm der Erdgeist erfüllt,
dieses Glück ist ihm zu Theil geworden. So ent=
stand noch im Sinne des ersten Planes der herr=
liche Monolog mit der Ueberschrift „Wald und
Höhle".

III. Die neue Dichtung, verglichen mit der alten.

In der neuen Dichtung liegt der bewegende Grundgedanke in der Versuchung des Faust, in der Probe, die er besteht nach der zwischen ihm und Mephistopheles geschlossenen Wette. Ein solches Motiv ist in der alten Dichtung unmöglich; es ist undenkbar, daß der von Lebens= und Weltdurst leidenschaftlich erfüllte Faust, der den Erdgeist begehrt, mit diesem oder einem Diener desselben eine Wette eingeht auf die Bedingung: du wirst mich nie befriedigen! Eben diese Befriedigung ist ja, was er vom Erdgeist aus allen Kräften erfleht. Daher mußte die alte Dichtung der Einführung der neuen Idee widerstreben und, nachdem Goethe die neue Dichtung wirklich mit der alten gemischt hatte, zwischen beiden ein klaffender Widerstreit zu Tage treten. Eben ist die Wette geschlossen, welche Faust dem Versucher geboten und dieser angenommen hat: „du wirst mich nie befriedigen, nie wird ein Augenblick kommen, der mich erquickt und den ich festhalten möchte. Käme je ein solcher Moment gefesselten Strebens, so bin ich verloren und will es sein!"

Unmittelbar darauf folgt ein im Urfaust nicht vorhandenes Selbstgespräch des Mephistopheles, worin dieser ohne Zweifel aufrichtig sagt, was er denkt. Es beginnt mit den Worten:

> Verachte nur Vernunft und Wissenschaft,
> Des Menschen allerhöchste Kraft,
> Laß nur in Blend= und Zauberwerken
> Dich von dem Lügengeist bestärken,
> So hab' ich dich schon unbedingt —

Dies sollte der Teufel des Prologs sagen können, welcher dem Herrn vorwirft, daß er die Menschen durch die Gabe der Vernunft erst recht elend gemacht habe?

> Ein wenig besser würd' er leben,
> Hätt'st du ihm nicht den Schein des Himmelslichts gegeben,
> Er nennt's Vernunft und braucht's allein,
> Nur thierischer als jedes Thier zu sein.

Unmöglich kann der Mephistopheles, welcher die Vernunft als das Irrlicht des Menschen ver= spottet, die Vernunft als „des Menschen aller= höchste Kraft" bezeichnen; unmöglich kann der Me= phistopheles, welcher im Prolog erklärt, der Ge= brauch der Vernunft bringe den Menschen erst recht zu Fall und mache ihn thierischer als jedes Thier, in seinem Monologe sagen, die Veracht=

ung der Vernunft führe den Menschen in den Abgrund, und zwar unbedingt! Hier hören wir offenbar zwei verschiedene Personen: im Prologe redet Mephistopheles wie der Bote des Satans, im Monologe Mephistopheles als der Bote des Erdgeistes; jener gehört in die neue, dieser in die alte Dichtung.

Verfolgen wir das Selbstgespräch weiter. Es schließt mit den Worten:

> Und hätt' er sich auch nicht dem Teufel übergeben,
> Er müßte doch zu Grunde gehn!

Also Faust besorgt und bewirkt selbst, was zu besorgen und zu bewirken des Teufels Meisterstück sein sollte! Wo bleibt der Triumph des Satans, wo bleibt der Teufel des Prologs: „Wenn ich zu meinem Zweck gelange, erlaubt Ihr mir Triumph aus voller Brust?"

In seinem Selbstgespräche plant Mephistopheles den Weg und das Ziel, wohin er den Faust zu führen gedenkt:

> Ihm hat das Schicksal einen Geist gegeben,
> Der ungebändigt immer vorwärts bringt,
> Und dessen übereiltes Streben
> Der Erde Freuden überspringt.

> Den schlepp' ich durch das wilde Leben,
> Durch flache Unbedeutenheit,
> Er soll mir zappeln, starren, kleben,
> Und seiner Unersättlichkeit
> Soll Speis' und Trank vor gier'gen Lippen schweben;
> Er wird Erquickung sich umsonst erflehn —

Diese Worte, sage ich, passen auf die eben geschlossene Wette wie die Faust aufs Auge. Die Wette heißt: „Du wirst mich nie befriedigen, nie erquicken; wenn du es fertig bringst, hast du gewonnen!" Und derselbe Mephistopheles, der auf diese Wette so eben „Topp" gesagt, sollte bei sich im Stillen beschließen: „Ich werde alles aufbieten, damit er nie befriedigt, nie erquickt werde, ich will alles thun, um zu verlieren?" Er müßte sagen: „Faust soll um Erquickung betteln und sie dann haben!" Er sagt das Gegentheil: er soll sie nicht haben! „Er wird Erquickung sich umsonst erflehn." Diese Worte sind nach der Wette unmöglich. Wir lesen sie nach der Wette, aber sie waren viele Jahre vorher gedichtet: der Mephistopheles der Wette gehört in die neue Dichtung, der des Selbstgesprächs in die alte. Jetzt erscheint dieser Monolog, so viel später die Wette! Jener steht im Fragment, diese im ersten Theil: zwischen beide fällt das Jahr 1797, die Epoche der Umgestaltung des Planes. — Wenn wir die alte Dichtung verfolgen, den Blick auf die Wette gerichtet, so müssen wir erleben, daß dieselbe alle Augenblicke verloren wird, ohne daß Mephistopheles zugreift. Man versteht schon nicht, wie nach einer solchen Wette der Teufel wagen kann, den Faust auf die „schöne grüne Weide" zu laden, als ob er anfangen sollte zu grasen:

> Ich sag' es dir: ein Kerl, der speculirt,
> Ist wie ein Thier, auf dürrer Heide
> Von einem bösen Geist im Kreis herum geführt,
> Und rings umher liegt schöne grüne Weide.

Noch weniger versteht man, wie auf eine solche Einladung, die Welt als Salat roh zu genießen, Faust antworten kann, als ob er Appetit bekäme: „Wie fangen wir das an?"

Warum greift Mephistopheles nicht zu, schon in der Hexenküche, als Faust starr vor Entzücken, das Bild im Zauberspiegel betrachtet:

> Ist's möglich, ist das Weib so schön?
> Muß ich an diesem hingestreckten Leibe
> Den Inbegriff von allen Himmeln sehn?
> So etwas findet sich auf Erden?

Warum läßt er ihn nicht vor dem Bilde stehen

und gönnt ihm den Anblick, in welchem Faust so gern verweilen möchte:

> Laß mich nur schnell noch in den Spiegel schauen!
> Das Frauenbild war gar zu schön!

Und nun gar in der Leidenschaft, welche der Anblick Gretchens entzündet hat, und die gleich mit dem Verlust der Wette beginnt. In der vollsten, leidenschaftlichsten Gluth der Liebe ist Faust mit dem Wenigsten zufrieden:

> Schaff' mir etwas vom Engelsschatz!
> Führ mich an ihren Ruheplatz!
> Schaff' mir ein Halstuch von ihrer Brust,
> Ein Strumpfband meiner Liebeslust!

So leicht war die Wette zu gewinnen: mit einem Halstuch, mit einem Strumpfband! Wie Mephistopheles die Wahrheit kommender Liebesschwüre spöttisch bezweifelt: „Wird das auch so von Herzen gehn?" bricht Faust in die Worte aus:

> Laß das! Es wird! — Wenn ich empfinde,
> Für das Gefühl, für das Gewühl
> Nach Namen suche, keinen finde,
> Dann durch die Welt mit allen Sinnen schweife,
> Nach allen höchsten Worten greife,
> Und diese Gluth, von der ich brenne,
> Unendlich, ewig, ewig nenne,
> Ist das ein teuflisch Lügenspiel?

Mephistopheles antwortet: „Ich hab' doch Recht!" Er müßte ihm zurufen: „Ich habe gewonnen!" Die Wette ist wörtlich verloren! Dieser leidenschaftliche Erguß ist unmöglich in einem Munde, der sich kurz vorher vermessen hat: „ich will verloren sein, wenn ich je zu einem Augenblicke sage: ‚verweile doch, du bist so schön!'" In Wahrheit sagt er es im Geiste des Dichters auch nicht vorher, sondern weit, weit später; nur wir lesen es früher: der Faust der Wette gehört in die neue, der Faust der Gretchenliebe in die alte Dichtung. Weder seine Liebe noch sein Glaube, wie ihn die alte Dichtung schildert, paßt zu dem Faust, welcher die Wette geschlossen. Giebt es für ihn keinen Augenblick der Erfüllung und der Seligkeit, so kann er auch nicht im Hinblick auf das göttliche Allleben und die göttliche Allgegenwart zu Gretchen sagen:

>   Erfüll davon dein Herz, so groß es ist,
>   Und wenn du ganz in dem Gefühle selig bist,
>   Nenn' es dann, wie du willst,
>   Nenn's Glück! Herz! Liebe! Gott!
>   Ich habe keinen Namen
>   Dafür! Gefühl ist alles;
>   Name ist Schall und Rauch,
>   Umnebelnd Himmelsgluth.

Alle Klügeleien sind vergeblich, die uns beweisen möchten, daß die enthusiastischen Gefühle, welche der Faust der ersten Dichtung hegt, sich mit der Wette vertragen. Wenn er seine Liebesgluth unendlich und ewig nenne, so müsse man diese Ausdrücke auf die Stärke seiner Empfindung beziehen, nicht auf deren Zeitdauer.[1] Auch widerspreche er nicht buchstäblich der Wette; er werde sich wohl hüten, förmlich zu bekennen, daß er kein höheres Glück mehr wünsche, als die Erfüllung seiner gegenwärtigen Leidenschaft. Als ob er diesen Superlativ nicht ausdrücklich erklärt hätte! „Wenn ich — dann durch die Welt mit allen Sinnen schweife, nach allen höchsten Worten greife und diese Gluth, von der ich brenne, unendlich, ewig, ewig nenne" u. s. f. Als ob er nicht ausdrücklich dem Mephistopheles bekannt hätte, daß seine Leidenschaft mächtiger sei, als alle Besinnung! „Denn du hast Recht, vorzüglich, weil ich muß." In Wahrheit verhält sich die Sache so, daß der jugendliche Faust, von seinem Liebesglück erfüllt, nicht ahndet, er werde nach

---

[1] Fr. Vischer, Altes und Neues. Heft II. S. 69—74.

fünfundzwanzig Jahren oder noch später eine Wette schließen, die mit rückwirkender Kraft alle entzückten Gefühle, alle beseligenden Augenblicke ächtet. Eine solche Wette ist unmöglich, so lange „junges heil'ges Lebensglück neuglühend ihm durch Nerv und Adern rinnt". Man muß eine Fülle menschlicher Befriedigungen und deren Vergänglichkeit erlebt haben, um sich mit männlicher Zuversicht darüber so erhaben zu fühlen, wie es die Wette ausspricht. Zur Zeit der Gretchendichtung war Goethe fünfundzwanzig Jahre alt, zur Zeit der Wette zweiundfünfzig!

Neuntes Capitel.
Die Grundidee der alten Dichtung.

I. Die fordernde Epoche.

Der Grundgedanke der neuen Dichtung ist einleuchtend, nicht ebenso der Plan und Charakter der alten, welche Goethe verließ. Was war die Idee, welche dem Dichter in seiner ersten Faustdichtung vorschwebte, die auf der Höhe der Sturm- und Drangzeit in seiner Vaterstadt entstand? Diese Frage ist weit schwieriger zu beantworten, als die vorhergehende. Goethe hat seine erste Dichtung durch keinen Prolog eingeführt, er hat sich über den Plan derselben nirgends mit näherer Bestimmtheit geäußert, und wenn er nach einer langen Reihe von Jahren in jenem merkwürdigen Bekenntniß vom 1. März 1788 erklärt, er glaube den Faden wieder aufgefunden zu haben und in das Element der früheren Dichtung zurückgekehrt zu sein, so darf man wohl mit Sicherheit schließen, daß ein überlegter und durchdachter Plan nicht vorlag, denn ein solcher vergißt sich nicht. Die Gestaltung der ersten Fausttragödie hatte keinen Plan von festen Umrissen, jenes Wort der Zueignung, als Goethe die neue Dichtung unternahm, ist weit bezeichnender und prägnanter, als man wohl meint: „Ihr naht euch wieder, schwankende Gestalten!" Wir sind zur Beurtheilung der ersten Composition auf den Charakter der Zeit, in der sie entstand, auf die Selbstbekenntnisse des Dichters und vor allem auf die Züge der Dichtung selbst angewiesen. Was trieb den Dichter, die Faustsage zu ergreifen und in ihren wesentlichen Grundzügen ganz zu verlassen, statt der über= und unterirdischen Mächte, welche die Sage bewegen, statt des Himmels und der Hölle nur irdische einzuführen: statt des Herrn den Erdgeist, statt des Satans einen irdischen Dämon? In der Auflösung dieses Punktes liegt der Kern der Frage.

Goethe erzählt in Dichtung und Wahrheit, wie seit der straßburger Epoche das Interesse am Götz und am Faust sich tief bei ihm eingewurzelt hatte, und beide sich nach und nach zu poetischen Ge=

stalten ausbildeten. „Die Lebensbeschreibung des Götz hatte mich im Innersten ergriffen, die Gestalt eines rohen, wohlmeinenden Selbsthelfers in wilder, anarchischer Zeit erregte meinen tiefsten Antheil. Die bedeutende Puppenspielfabel des anderen klang und summte gar vieltönig in mir wieder. Auch ich hatte mich in allem Wissen umhergetrieben und war früh genug auf die Eitelkeit desselben hingewiesen worden. Ich hatte es auch im Leben auf allerlei Weise versucht und war immer unbefriedigter und gequälter zurückgekommen. Nun trug ich diese Dinge, so wie manche andere, mit mir herum und ergötzte mich daran in einsamen Stunden, ohne jedoch etwas davon aufzuschreiben."[1]

Die kurze Zeit zwischen seinem Aufenthalt in Straßburg und Wetzlar habe ich als die des Vorgefühls titanischer Kraft bezeichnet. „Faust war schon vorgerückt", heißt es von jenen Tagen, „und Götz von Berlichingen baute sich nach und nach in meinem Geiste zusammen; das Studium des fünfzehnten und sechszehnten Jahrhunderts beschäftigte

---

[1] Aus meinem Leben. Th. II. Buch X. S. W. (Stuttgart 1851). Bd. XVII. S. 374.

mich), und jenes Münstergebäude hatte einen sehr ernsten Eindruck in mir zurückgelassen, der als Hintergrund zu solchen Dichtungen gar wohl da stehen konnte."[1] Nach den Erlebnissen in Wetzlar kam die volle Fluth des genialen Schaffens, der stets bereiten poetischen Zeugungskraft. Es waren die letzten Jahre in seiner Vaterstadt. Mit dem Prometheus und Satyros geht der Faust Hand in Hand. Goethe selbst hat diese Zeit in einer Weise charakterisirt, welche die Entstehung seines Faust hell erleuchtet. „Die Epoche, in der wir lebten, kann man die fordernde nennen, denn man machte an sich und andere Forderungen auf das, was noch kein Mensch geleistet hatte. Es war nämlich vorzüglichen, denkenden und fühlenden Geistern ein Licht aufgegangen, daß die unmittelbare originelle Ansicht der Natur und ein darauf gegründetes Handeln das Beste sei, was der Mensch sich wünschen könne, und nicht schwer zu erlangen." „Wie man nun auch hier zur Ausübung schritt, so sah man, am kürzesten sei zuletzt aus der Sache zu kommen, wenn man das Genie zu Hülfe riefe,

---

[1] Ebendas. Th. III. Buch XI. S. W. XVIII. S.

das durch seine magische Gabe den Streit schlichten und die Forderungen leisten würde."[1]

So entsteht der Faust, wie des Wanderers Sturmlied, wie der Werther, in einsamen Stunden, auf einsamen Spaziergängen, wo der Dichter den weichen Stoff der Sage nach seinem Bilde gestaltet, sich in den Magus der Volkssage hineinbildet und hineinphantasirt. Allmählig erwächst das Gedicht aus diesen tiefbewegten poetischen Selbstgesprächen, die noch in der späteren Erinnerung des Dichters fortlebten: „Ach! was in tiefer Brust uns da entsprungen, was sich die Lippe schüchtern vorgelallt", u. s. f. Es gewinnt Leben und Gestalt. Dann erst strömt es als voller, ungehemmter Erguß in die Form eines Schriftwerkes. Und nur so konnte es geschehen, daß jenes erste Manuscript, das der Dichter mit nach Weimar brachte, mit nach Italien nahm, „in den Hauptscenen gleich so ohne Concept hingeschrieben wurde".[2]

Die alte Dichtung beginnt mit Fausts weltbekanntem Monolog am Bücherpult, im hochge=

---

[1] Ebendaselbst, Th. III. Buch XV. S. W. XVIII. S. 189—190.

[2] S. oben Cap. II. S. 40—42 (Anmerk.).

wölbten, engen, gothischen Studirzimmer. Gleich in den ersten Worten sind wir an den Magus des frankfurter Volksbuches, an den Helden der marloweschen Tragödie und des deutschen Puppenspiels erinnert. Selbst die äußere Einrichtung der Scene ist dieselbe als im Volksschauspiel. Wir erkennen in diesem goetheschen Faust die Familienzüge wieder, die er von seinen Ahnen geerbt hat: den Drang nach Erkenntniß, die Empörung gegen die unfruchtbare Büchergelehrsamkeit, die Hingebung an die Magie aus unbefriedigtem Wissens- und Weltdurst.[1]

Aber unwillkürlich mischt sich in diesen Typus ein der Volkssage und Volksdichtung ganz fremder Ausdruck, eine Empfindung, die auch in dem lessingschen Faust noch nicht hervorgetreten war, die erst hier durchbricht. Wiederum ändern sich die Züge des Magus, wie Goethe mit dem Feuerblick seiner Jugend hineinschaut in den Spiegel der Faustsage. Diesen neuen Zug müssen wir ins Auge fassen: er ist es, der den Magus der deutschen Volkssage zum goetheschen Faust gemacht hat.

---

[1] Vgl. meine Erklärungsarten des goetheschen Faust. S. 62—65.

Um es mit einem Worte zu sagen: es ist der Grundzug der deutschen Sturm- und Drangzeit, an deren Schwelle Lessing stand, der er die Bahn brach, die er nicht selbst in sich erlebte; es ist das Kraftgefühl jener Epoche, welche Goethe „die fordernde" genannt hat, die in den vorzüglichsten Geistern jenes neue Licht aufgehen ließ, „daß die unmittelbare, originelle Ansicht der Natur und ein darauf gegründetes Handeln das Beste sei, was der Mensch sich wünschen könne. Wie eine neue Botschaft war der Glaube an die Natur von Rousseaus feuriger Zunge ausgegangen und hatte auf die ganze damalige Welt eine wahrhaft magische Wirkung geübt, von der wir uns heutzutage keine Vorstellung mehr machen können. Ein Sturm der Empörung wider die Unnatur der gesammten Zeitbildung entfesselte in Deutschland Gemüth und Phantasie der aufstrebenden Generation, und das große Gewitter brach aus, in welchem das größte Genie die feurigsten Blitze schleuderte, die morsche Unkraft vernichtend und den Dunstkreis reinigend. Dieses größte Genie war Goethe, dieses feurigste Meteor seine erste Faustdichtung. Sie ist unter allen Gebilden der Sturm- und Drangzeit bei weitem die gewaltigste, großartigste und feurigste Dichtung. Darin liegt ihre Bedeutung und fortdauernd zündende Wirkung. Die Rede, einfach, natürlich, machtvoll, strömt wie ein Erguß aus der Quelle: das ist die magische Gabe des Genies!

II. Urnatur gegen Unnatur.

1. Fausts Monolog.

Ich habe den Punkt bezeichnet, von dem aus Goethe die Faustsage ergriff oder, besser gesagt, von ihr ergriffen wurde. Das Grundthema der Zeit drang in die Sage, es hieß: Urnatur gegen Unnatur! Wenn ich mir die Frage zu lösen suche, welche Bedingungen wohl in dem menschlichen Gemüth zusammentreffen müssen, um die leidenschaftlichste Sehnsucht nach der ersten, die leidenschaftlichste Empörung wider die zweite bis auf den Gipfel zu steigern und in ihrer höchsten Stärke ausbrechen zu lassen, so meine ich die Empfindungen ganz zu durchschauen, womit Goethe der Faustsage gegenüberstand, und woraus seine erste Faustdichtung hervorging. Die Sehnsucht nach der Natur muß um so gewaltiger sein, je größer und schmerzlicher die Entbehrung war. Ich vergegen=

wärtige mir jetzt das naturwidrigste Leben: ein Dasein, hingebracht unter Bücherstaub, verlebt in fruchtlosem Grübeln, nicht das Leben eines Büchermenschen, der sich im Staube wohl fühlt, sondern ein geniales Leben voll Feuer und Kraft, getrieben von heißem Wissensdurst, immer hoffend, der Staub werde sich lichten und die Quelle zu Tage kommen, die den Labetrunk bietet, immer wieder getäuscht und von neuem entsagend, alle Regungen und Triebe jugendlicher Lebenslust gewaltsam unterdrückend aus Liebe zur Wahrheit und sich an das Bücherpult schmiedend, wie an eine Galeere. Hier muß der Moment kommen, wo eine solche Natur die Qual nicht mehr trägt, sich losreißt, den Staub abschüttelt, und die unterdrückte Sehnsucht nach Leben und Natur unwiderstehlich wie ein Feuerstrom hervorbricht. Jetzt verstehe ich Wort für Wort den Anfang des goetheschen Faust: daher jenes aus der Tiefe schmerzbewegter Brust hervorgestöhnte „Ach!"

> Habe nun, ach! Philosophie,
> Juristerei und Medicin
> Und leider auch Theologie!
> Durchaus studirt mit heißem Bemühn.

Je näher er der Natur zu kommen hoffte, um so weiter hat ihn der Weg der zünftigen Wissenschaften davon entfernt. Daher das Wort: „Und leider auch Theologie!" Er hat nichts erreicht als Täuschung und leeren Schein, und nicht genug, daß er diese innere Armuth durchschaut, er muß sich verstellen und die Blöße durch eitle Würden verhüllen, als ob er hätte, was er nicht hat; er muß die Täuschung auf andere fortpflanzen, als ob er geben könnte, was er nicht besitzt:

> Da steh' ich nun, ich armer Thor!
> Und bin so klug, als wie zuvor;
> Heiße Magister, heiße Doctor gar,
> Und ziehe schon an die zehen Jahr
> Herauf, herab und quer und krumm,
> Meine Schüler an der Nase herum —
> Und sehe, daß wir nichts wissen können!
> Das will mir schier das Herz verbrennen.

Nur Eines hat er voraus: die volle Einsicht in die volle Nichtigkeit des ganzen gelehrten Krams, den die anderen ins Schaufenster stellen, womit sie Staat machen und sich brüsten:

> Zwar bin ich gescheidter als alle die Laffen,
> Doctoren, Magister, Schreiber und Pfaffen.

Es ist die Gewißheit der vollsten Verzweiflung,

die nicht mehr zweifelt und keine Skrupel mehr hat, die mit der Furcht auch die Hoffnung zu Boden schlägt und nichts übrig behält, als das Gefühl der völligen Lebensöde:

> Mich plagen keine Skrupel noch Zweifel,
> Fürchte mich weder vor Hölle noch Teufel —
> Dafür ist mir auch alle Freud' entrissen,
> Bilde mir nicht ein, was Rechts zu wissen,
> Bilde mir nicht ein, ich könnte was lehren,
> Die Menschen zu bessern und zu bekehren.

Und in dem Gefühl dieser Oede nicht einmal die Betäubung durch den Genuß äußerer Güter:

> Auch hab' ich weder Gut noch Geld,
> Noch Ehr' und Herrlichkeit der Welt;
> Es möchte kein Hund so länger leben!
> Drum hab' ich mich der Magie ergeben.

Bis hierher hören wir noch in dem goetheschen Faust den Wiederhall der Sage und die Nachklänge der Volkstragödie wie des Puppenspiels, obwohl auch diese Empfindungen sämmtlich aus einer ganz anderen, der Sage fremden Gemüthsart hervorgehen. Jetzt stehen wir an dem Scheidewege, der den goetheschen Faust von dem Magus der Volkssage trennt. Wohin treibt unseren Faust die Magie? Alle die Empfindungen, die wir gehört haben, sind nur der Ausbruch seiner Empörung wider die Unnatur und steigern seine Sehnsucht nach der Urnatur ins Unermeßliche.

Dieser Faust breitet seine Arme aus nicht nach der Hölle, sondern nach der **Natur**, die er an sein Herz drücken, in welche er als in seine Heimath einkehren möchte, wie der verlorene Sohn ins Vaterhaus. Diese Sehnsucht nach der Natur ist nicht diabolisch, sondern urmenschlich; eine solche Empfindung konnte dem Magus der Volkssage nicht in den Sinn kommen; selbst der lessingsche Faust zeigt von dieser Wendung noch keine Spur, bei ihm soll die Hölle besiegt werden, daher ist sie noch mit im Spiel. Den goetheschen Faust locken die Zauber der Mondnacht:

> O sähst du, voller Mondenschein,
> Zum letzten mal auf meine Pein,
> Den ich so manche Mitternacht
> An diesem Pult herangewacht:
> Dann, über Büchern und Papier,
> Trübsel'ger Freund, erschienst du mir!
> Ach! könnt' ich doch auf Bergeshöhn
> In deinem lieben Lichte gehn,
> Um Bergeshöhle mit Geistern schweben,
> Auf Wiesen in deinem Dämmer weben,
> Von allem Wissensqualm entladen
> In deinem Thau gesund mich baden!

Das enge, dumpfe Mauerloch, in dem er haust, und die freie Natur! Das ist der Contrast, der ihn quält:

> Und fragst du noch, warum dein Herz
> Sich bang in deinen Busen klemmt?
> Warum ein unerklärter Schmerz
> Dir alle Lebensregung hemmt?
> Statt der lebendigen Natur,
> Da Gott die Menschen schuf hinein,
> Umgiebt in Rauch und Moder nur
> Dich Thiergeripp und Todtenbein.
> Flieh! Auf! Hinaus ins weite Land!

Wäre es dem Faust um die Höllengeister zu thun, die könnte er auch im Studirzimmer haben, wie es die Sage, das Volksschauspiel und selbst Lessings Dichtung schildert! Die Magie des goethe=schen Faust hat nichts mit der Hölle gemein: es ist die Zauberkraft des Genies, die Macht tiefster Naturempfindung, unmittelbarer Naturoffenbar=ung, der Drang und das Vermögen, die Natur zu erleben bis in ihren innersten Grund. Das be=deuten im Munde dieses Faust die Worte:

> Drum hab' ich mich der Magie ergeben,
> Ob mir durch Geistes Kraft und Mund
> Nicht manch Geheimniß würde kund;

> Daß ich nicht mehr mit saurem Schweiß
> Zu sagen brauche, was ich nicht weiß;
> Daß ich erkenne, was die Welt
> Im Innersten zusammenhält,
> Schau' alle Willenskraft und Samen
> Und thu' nicht mehr in Worten kramen.

2. Faust und der Erdgeist.

Einen Augenblick scheint es, als ob die magische Weltanschauung (nicht der Volkssage, sondern) aus dem Zeitalter der Volkssage ihn festhält, er ergreift eines jener magokabbalistischen Bücher, wie sie das sechszehnte Jahrhundert hervorbrachte, und das der Dichter fingirend dem französischen Astrologen Nostradamus zuschreibt; das Zeichen des Makrokosmus fesselt ihn, mit sympathischer Begeisterung sieht er in diesem Zeichen das Bild des göttlichen Alls, das harmonische Zusammenwirken göttlicher Kräfte, die sich dem geistigen Blick offenbaren. An eine diabolische Magie, an eine Höllenbeschwörung ist nicht zu denken. Aber selbst in dieser entzückten Betrachtung weilt er nur einen Moment. Es ist ja nur ein Zeichen, ein stummes Bild der unendlichen Lebensfülle, es ist ja nur ein Buch, in dem er das Universum betrachtet:

Welch Schauspiel! Aber ach! ein Schauspiel nur!
Wo faß' ich dich, unendliche Natur?

Weg mit dem Buche! Er will die Welt selbst erfassen und erleben. Die Gestirne sind dem Erdensohne zu weit und zu hoch, die bloße Betrachtung kann seinen Weltdurst nicht stillen:

> Du, Geist der Erde, bist mir näher;
> Schon fühl' ich meine Kräfte höher,
> Schon glüh' ich wie von neuem Wein,
> Ich fühle Muth mich in die Welt zu wagen,
> Der Erde Weh, der Erde Glück zu tragen,
> Mit Stürmen mich herumzuschlagen,
> Und in des Schiffbruchs Knirschen nicht zu zagen.

Hier sind wir im Elemente des goetheschen Faust, an der entscheidenden Stelle der ursprünglichen Faustdichtung; hier ist der gewaltigste Ausbruch der deutschen Sturm= und Drangzeit, der fordernden Epoche, wie Goethe sie nannte: ich meine Fausts Beschwörung des Erdgeistes, die Art dieser seiner Beschwörung! Nicht die Hölle und ihre Geister ruft er an, sondern die Erde, den Genius alles irdischen Daseins, „den Welt= und Thatengenius", wie Goethe selbst seinen Erdgeist genannt hat; die Beschwörung geschieht nach keiner Vorschrift aus einem Buche der Magie, nach keiner kabbalistischen Formel, sie enthält nichts von Zauberkram: es ist die natürliche Magie des Menschen, welche von jeher alles Große in der Welt bewirkt hat, die unwiderstehliche Macht des Willens, wenn sich ein Herzenswunsch aller Lebensgeister ganz bemächtigt und sie hindrängt auf ein einziges Ziel. Das Wort der Beschwörung heißt:

> Enthülle dich!
> Ha! wie's in meinem Herzen reißt!
> Zu neuen Gefühlen
> All' meine Sinne sich erwühlen!
> Ich fühle ganz mein Herz dir hingegeben!
> Du mußt! du mußt! und kostet' es mein Leben!

Das ist die Stimme, die in jedem gewaltigen Menschen redet, der berufen ist zu einer großen Weltthat, der Geist, der ihn treibt und unwiderstehlich macht. Der Prophet, der getrieben wird, einen neuen Glauben ins Leben zu rufen, der Held und Staatsmann, der Reiche erobern, Staaten umgestalten soll, der Denker und Künstler, der in sich das Werk hegt, welches die Welt im Innersten treffen und ergreifen wird, sie haben alle im Stillen dieses Ziel vor sich gesehen, nach ihm gerungen mit dem Aufgebot aller Kraft und ihm zugerufen:

> Ich fühle ganz mein Herz dir hingegeben!
> Du mußt! du mußt! und kostet' es mein Leben!

Ein solcher Wille ist weltbezwingend. Auf diesen Ruf Fausts erscheint der Erdgeist, nicht gebannt durch eine Formel, angezogen allein durch das mächtigste Begehren, durch das Flehen der Seele:

> Du hast mich mächtig angezogen,
> An meiner Sphäre lang gesogen,
>
> — — — — — —
>
> Du flehst erathmend mich zu schauen,
> Meine Stimme zu hören, mein Antlitz zu sehn;
> Mich neigt dein mächtig Seelenflehn,
> Da bin ich!

Der Erdensohn und der Erdgeist! Der Büchergelehrte in seiner Zelle, plötzlich gestellt vor die Fülle des Weltlebens; weltscheu bebt er vor dem Anblick zurück: „Schreckliches Gesicht! Weh! ich ertrag' dich nicht!" Das ist nur die erste Empfindung. Der Anblick erhebt ihn, aus diesem Antlitz leuchtet ihm die Erfüllung aller seiner Wünsche entgegen, sein Kraftgefühl rührt sich und strebt dem Erdgeiste zu:

> Soll ich dir, Flammenbildung, weichen?
> Ich bin's, bin Faust, bin Deinesgleichen!

Da läßt ihn der Erdgeist den ganzen Abstand fühlen zwischen dem weltscheuen Leben unter Büchern und dem Leben der irdischen Welt, umfassend und bewegend Natur und Menschheit, selbst unergriffen vom Entstehen und Vergehen der Dinge:

> In Lebensfluthen, im Thatensturm
> Wall' ich auf und ab,
> Wehe hin und her!
> Geburt und Grab,
> Ein ewiges Meer,
> Ein wechselnd Weben,
> Ein glühend Leben,
> So schaff' ich am sausenden Webstuhl der Zeit
> Und wirke der Gottheit lebendiges Kleid.

Zwischen dem Büchertisch und dem Thatensturm in den Fluthen der Welt, zwischen dem einzelnen Menschen, diesem winzigen Theile des Weltkörpers, und der Lebensfülle des Ganzen, zwischen dem Wunsche des Herzens und der Erfüllung in der Wirklichkeit, zwischen dem ersehnten Ziele und dem erreichten liegt eine weite Kluft: es ist die Kluft zwischen Faust und dem Erdgeist! Faust fühlt nur die Macht seines Wunsches, die ihn beflügelt; er sieht das Ziel vor sich, so nahe, daß er wähnt, es sei zu ergreifen:

> Der du die weite Welt umschweifst,
> Geschäftiger Geist, wie nah fühl' ich mich dir!

Der Erdgeist sieht nur die Ohnmacht des Phantasierausches, der das Leben und dessen Mächte nicht kennt:

> Du gleichst dem Geist, den du begreifst,
> Nicht mir!

Von diesem Worte getroffen, stürzt Faust mit dem Ausrufe zusammen:

> Nicht dir?
> Wem denn?
> Ich Ebenbild der Gottheit!
> Und nicht einmal dir!

Das ist die erste Erscheinung des Erdgeistes, die in unserem Gedichte die einzige geblieben ist, obwohl sie es nicht sein sollte. Wir durchschauen jetzt die Grundstimmung dieses goetheschen Faust und die ihr gemäße Erscheinung des Erdgeistes; wir sehen, wie weit diese Conception abliegt sowohl von der früheren Faustsage und der in ihr herrschenden Magie, die mit der Hölle verkehrt, als von Goethes späterer Faustdichtung und jener Wette, die es mit dem Satan aufnimmt. Die erste Faustdichtung ist in völligem Einklange mit dem genialen

Naturalismus der Sturm- und Drangzeit, sie ist der intensivste Ausdruck, den diese Epoche gehabt hat. Einem Faust, wie diesem, der von Weltdurst glüht, der vor dem Zeichen des Weltalls ausruft:

> Ha! welche Wonne fließt in diesem Blick
> Auf einmal mir durch alle meine Sinnen!
> Ich fühle junges, heil'ges Lebensglück
> Neuglühend mir durch Nerv' und Adern rinnen —

einem solchen Faust kann es doch unmöglich in den Sinn kommen, das Lebensglück und den Augenblick der Befriedigung, welche er voller Begierde sucht und festhalten möchte, zu verschwören!

3. Faust und der Famulus.

Die Grundstimmung, die Goethes jugendliche Faustdichtung völlig beherrscht, ergreift unwillkürlich eine Nebengestalt der Faustsage und verändert dieselbe in einem Sinne, der den alten Volksbüchern ganz fremd war, aber dem genialen Naturalismus der goetheschen Faustepoche vollkommen im Griff lag. Es ist ein doppelter Gegensatz, der Fausts Gemüthsstimmung bewegt und in unserer Dichtung dramatisch verkörpert sein will. Die Sehnsucht nach der Urnatur fordert den Erdgeist heraus und versinkt vor dem Angesichte schaf-

sender Lebensfülle in das Gefühl ihrer Ohnmacht.
Auch dieses Gefühl ist eine erhabene Empfindung: „Ich fühlte mich so klein, so groß!" Dem
Erdgeist gegenüber der grüblerische Denker, übersatt aller Gelehrsamkeit und alles Forschens, weltdurstig zugleich und weltscheu: dies ist der erste
Gegensatz. Ihm folgt unmittelbar und wie zur
Ergänzung der zweite: dem genialen Denker
gegenüber erscheint die personificirte Unnatur,
die gelehrte, selbstzufriedene, vom Bücherstaub als
ihrem Labsal erquickte:

O Tod! Ich kenn's — das ist mein Famulus —
Es wird mein schönstes Glück zu nichte!
Daß diese Fülle der Gesichte
Der trockne Schleicher stören muß!

Hier verwandelt Goethe den „bösen verloffenen Buben" der Volksbücher in einen für alle
Zeiten gültigen und erheiternden Typus pedantischer Schulgelehrsamkeit, an dem kein sprechender Zug fehlt. Für diesen Famulus hat nur das
Erlernte und aus Büchern Zusammengelesene
Werth, er lernt jeden Tag etwas dazu, das Sümmchen wächst, der Sack wird immer größer, und wenn
der arme Teufel nicht sterben müßte, würde er mit

der Zeit alle Gelehrsamkeit auf einen Haufen zusammenschleppen: „Zwar weiß ich viel, doch möcht' ich alles wissen!" Von einem Erguß naturmächtiger Empfindung hat er keine Ahnung. Wie er den Faust laut sprechen hört, ist ihm alles klar: er declamirt, natürlich etwas Gelehrtes und zu gelehrten Zwecken, er übt sich im Vortrag, was eine sehr nützliche und profitable Kunst ist! Da muß er zuhören, dabei fällt etwas ab für das Sümmchen:

> Verzeiht! Ich hör' euch declamiren;
> Ihr las't gewiß ein griechisch Trauerspiel?
> Von dieser Kunst möcht' ich was profitiren,
> Denn heutzutage wirkt das viel.

Wagner denkt nur an den gelehrten, kunstgerechten, mit Citaten geschmückten, zusammengeleimten Vortrag, an die ausstudirte, seelenlose Rede, deren Inhalt aus den mühselig aufgewärmten Resten fremder Mahlzeiten, aus den aufgelesenen Schnitzeln fremder Geisteswerke besteht. Sie ist dem Winde vergleichbar, der nur dürre Blätter bewegt. So schildert Faust diese aller Originalität baare, nur von dem Geschlechte der Nachahmer bewunderte Gelehrsamkeit, in deren

Schule die deutsche Renaissance unterzugehen
drohte, als mit Winckelmann und Lessing, mit
Herder und Goethe die neue Epoche anbrach.

> Wenn ihr's nicht fühlt, ihr werdet's nicht erjagen,
> Wenn es nicht aus der Seele dringt
> Und mit urkräftigem Behagen
> Die Herzen aller Hörer zwingt.
> Sitzt ihr nur immer! Leimt zusammen,
> Braut ein Ragout von anderer Schmaus
> Und blast die kümmerlichen Flammen
> Aus eurem Aschenhäufchen h'raus!
> Bewunderung von Kindern und Affen,
> Wenn euch darnach der Gaumen steht;
> Doch werdet ihr nie Herz zu Herzen schaffen,
> Wenn es euch nicht von Herzen geht.

> Ja, eure Reden, die so blinkend sind,
> In denen ihr der Menschheit Schnitzel kräuselt,
> Sind unerquicklich wie der Nebelwind,
> Der herbstlich durch die dürren Blätter säuselt!

Erkennen heißt dem Famulus Bücher lesen
und studiren: „Zu schauen, wie vor uns ein
weiser Mann gedacht, und wie wir's dann zu=
letzt so herrlich weit gebracht". Faust fühlt die
Quelle der Wahrheit in sich, hier allein wird sie
entdeckt und erlebt; ihm heißt erkennen die Wahr=
heit erleben, offenbaren und den Weg des Mär=
tyrers gehen:

> Ja was man so erkennen heißt!
> Wer darf das Kind beim rechten Namen nennen?
> Die wenigen, die was davon erkannt,
> Die thöricht g'nug ihr volles Herz nicht wahrten,
> Dem Pöbel ihr Gefühl, ihr Schauen offenbarten,
> Hat man von je gekreuzigt und verbrannt.
> Ich bitt' euch, Freund, es ist tief in der Nacht,
> Wir müssen's diesmal unterbrechen.

Der Famulus ist unverbesserlich, er hört nicht den Menschen, nur den Professor. Auch dieses aus der innersten Seele bringende, von Schmerz und Unwillen bebende Wort nimmt er für eine gelehrte Unterhaltung: „Ich hätte gern nur immer fortgewacht, um so gelehrt mit Euch mich zu besprechen". Der geniale Denker und der geistlose Nachahmer:

> Wie nur dem Kopf nicht alle Hoffnung schwindet,
> Der immerfort an schalem Zeuge klebt,
> Mit gier'ger Hand nach Schätzen gräbt,
> Und froh ist, wenn er Regenwürmer findet!

Zehntes Capitel.
Goethes Fausttragödie.

I. Das Endziel der alten Dichtung.

Die Zueignung, das Vorspiel und der Prolog sind die Anfänge der neuen Dichtung; Fausts Monolog, die Erscheinung des Erdgeistes und das Gespräch mit dem Famulus sind die der alten, sie waren deren erste und älteste Scenen, durchdrungen von dem gemeinsamen Thema, welches unserer Sturm- und Drangperiode auf die Seele gelegt war: Urnatur gegen Unnatur. Dasselbe Thema bewegte auch den Prometheus und den Satyros, nur können wir jetzt diese Parallele nicht näher verfolgen. Nachdem Goethe den verlorenen und noch ungedruckten Prometheus wieder erhalten hatte, schrieb er den 11. Mai 1820 an Zelter: „Da wir einmal von alten, obgleich nicht veralteten Dingen sprechen, so will ich die Frage thun, ob Du den Satyros, wie er in meinen

Werken steht, mit Aufmerksamkeit gelesen hast? Er fällt mir ein, da er eben ganz gleichzeitig mit diesem Prometheus in der Erinnerung vor mir aufersteht, wie Du gleich fühlen wirst, sobald Du ihn mit Intention betrachtest. Ich enthalte mich aller Vergleichung, nur bemerke ich, daß auch ein wichtiger Theil des Faust in diese Zeit fällt."

Wir kennen die Anlage und Grundrichtung der alten Dichtung. Welches war ihr Endziel? Goethe hat beide Theile seines Werkes unter dem Namen einer Tragödie befaßt. Wenn wir den Weg der neuen Dichtung ihrer Idee gemäß vom Prologe durch die Wette und den Gang des zweiten Theiles bis zum Schlusse des Ganzen verfolgen, so finden wir keinen Grund zu dieser Bezeichnung, denn die Erhabenheit des Themas ist als solche noch nicht tragisch: die Bedingungen, welche den Charakter der Tragödie enthalten, sind darum in der alten Dichtung zu suchen.

Nach den Worten, die Faust dem Gespräch mit dem Famulus unmittelbar folgen läßt, begann im Fragment jene große Lücke, deren Umfang mehr als die Hälfte des ganzen Bruchstückes ausmachte. Unter den Scenen, welche die Lücke ausfüllen, sind auch die „Vor dem Thor", welche in unvollendeter Ausführung noch aus der alten Dichtung stammen und mit den Absichten derselben verknüpft sind.

1. Wunsch und Erfüllung.

Wir wissen, daß der Erkenntnißdrang und Weltdurst des Faust, die fortwirkende Erscheinung des Erdgeistes und die Sendung des Mephistopheles, welche von ihm ausgeht, zu den Grundzügen der alten Dichtung gehören. Aus diesen Bedingungen, die in der Dichtung selbst mit der magischen Kraft des Genius ausgeprägt sind, müssen wir uns den Verlauf und das Ziel der Fausttragödie, wie sie in der ursprünglichen Absicht des Dichters lag, zu erklären suchen.

Faust hat den Erdgeist für einen Augenblick in seinen Lebenskreis zu bannen vermocht. Dieser selbst hat es ihm gesagt, daß er von seinem Willen bewegt worden: „Du hast mich mächtig angezogen, an meiner Sphäre lang' gesogen, — mich neigt dein mächtig Seelenflehn: da bin ich!" Diesem Faust kann der Erdgeist nicht umsonst erschienen sein. Hat er sein Flehen erhört, so wird er auch seine Wünsche erhören. Daß es so ist, bestätigt uns der Monolog „Wald und Höhle": „Erhabener Geist, du gabst mir, gabst mir alles, warum ich bat. Du hast mir nicht umsonst dein Angesicht im Feuer zugewendet."

Faust will den Erdgeist erleben. Ohne Sinnbild zu reden: er will eintauchen in die Lebensfluthen der irdischen Welt, er will der Erde Glück und Weh tragen, der Menschheit Wohl und Weh auf seinen Busen häufen, sein eigen Selbst zu ihrem Selbst erweitern: das ist sein mächtiges Seelenflehen, sein glühender Herzenswunsch Dieser Wunsch soll ihm erfüllt werden auf die von ihm selbst gewollte und herausgeforderte Gefahr. Sein Begehren ist der Ausbruch eines zügellosen Kraftgefühls, das über alles menschliche Maß hinausgreift und die Schranken der sterblichen Natur kühn überschreitet. Wer sich in die Welt stürzt aus brennendem Durst, um ihn zu stillen, wer sie erleben will im Gewühl und Strudel der Dinge, der ergreift nicht die Welt, sondern wird von ihr ergriffen, vom Strome fortgerissen und zu Boden geworfen.[1] Von seinem Kraftgefühle getrieben, hat

---

[1] Siehe oben Cap. VIII. S. 193—195.

Faust sich in seiner Forderung vermessen und die Grenze verachtet, welche den Muth vom Uebermuth scheidet: ich meine nicht den gewöhnlichen, landläufigen Uebermuth, der uns in der Welt auf Schritt und Tritt begegnet und aus dem Leeren stammt, sondern den dämonischen, der aus der Ueberkraft hervorgeht und die Mächte der Welt wider sich herausfordert. Hier steht Macht gegen Macht: die eine unterworfen dem Maß und der Schranke, die andere Maß und Schranke setzend; die nothwendige Folge dieses Conflicts ist stets das tragische Schicksal, wodurch das richtige Maß sich wiederherstellt. Diesen Uebermuth nannten die Alten „Hybris", dieses Schicksal „Nemesis". Ein solcher Zusammenhang waltet zwischen Faust und dem Erdgeist! Der deutsche Sturm und Drang war, wie Goethe selbst ihn bezeichnet, eine „fordernde Epoche", die als solche eine herausfordernde war und sein mußte. Ihr mächtigster Typus war Faust. Er hat den Erdgeist erfleht und herausgefordert, er will die Welt wie ein Schicksal erleben, des Sturmes gewärtig, im furchtlosen Vorgefühle des Schiffbruchs, das tragische Ziel vor Augen. Das ist seine Forderung an den Erdgeist:

Ich fühle Muth, mich in die Welt zu wagen,
Der Erde Weh, der Erde Glück zu tragen,
Mit Stürmen mich herumzuschlagen,
Und in des Schiffbruchs Knirschen nicht zu zagen.

Dieses Schicksal erscheint ihm wie ein Hochgenuß; er soll es erleben bis zu dem Moment, wo er es verwünschen und, schuldbeladen, bis ins Innerste zerknirscht, in seinen Grundfesten erschüttert, ausrufen wird: „O wär' ich nie geboren!"

Dies war der Grundgedanke der ersten Fausttragödie, die einen genau entwickelten und durchdachten Plan nicht hatte, auch eine künftige Läuterung und Rettung nicht ausschloß; aber wie die letztere geschehen sollte, war damals dem Dichter ebenso ungewiß wie seine eigene Zukunft, denn die dämonischen Naturen sind auch problematische. Daß in der alten Dichtung die neue nicht vorgesehen war, haben wir schon oft gezeigt. Die erste Dichtung war ein Erguß, auf gut Glück begonnen und fortgeführt bis zu einem Punkte, wo Goethe nicht weiter konnte, wo seine eigene Entwickelung mit dem Gedichte nicht mehr Hand in Hand ging, vielmehr demselben völlig entfremdet war. Wäre das

Fragment nicht veröffentlicht worden, wer weiß, ob Goethe jemals den Faust fortgeführt und vollendet haben würde. Unter allen seinen Werken ist der Nation das theuerste geworden, was ihm selbst oft das lästigste war. Die abenteuerliche Weltfahrt der Volkssage verwandelt sich in Goethes erster Faustdichtung in den tragischen Lebensgang des genialen Weltstürmers, er geht den Weg des Stroms zu seinem Sturze:

Bin ich der Flüchtling nicht, der Unbehauste,
Der Unmensch ohne Zweck und Ruh,
Der wie ein Wassersturz von Fels zu Felsen brauste,
Begierig, wüthend nach dem Abgrund zu?

2. Mephistopheles als der Gefährte.

Zu dieser irdischen Weltfahrt, die nach Fausts eigenem Willen sich tragisch vollenden soll, sendet ihm der Erdgeist „den Gefährten", einen jener irdischen Dämonen, welche die nordische Sage in der Erde hausen läßt, neckisch und tückisch, wie ein Kobold, gemüthlos und ohne Mitgefühl, wie die Elementargeister der Sagenwelt, kundig aller irdischen Wege, die abschüssig gerichtet sind, ebenso kundig der irdischen Menschennatur, ganz orientirt über ihre Schwächen, Begierden und Selbsttäuschungen. Als Führer auf dem Wege zum Abgrunde darf er die Rolle des Teufels ersetzen und spielen: hier verwandelt sich der Teufel der Volkssage in den goetheschen Mephistopheles der ersten Dichtung. Ueber die Auffassung und Darstellung dieses Charakters ist viel gestritten worden: ob er in menschlicher oder dämonischer Weise zu nehmen, ob dieser Dämon als ein irdisches oder satanisches Wesen zu fassen sei? Die Frage läßt sich aus dem Entwickelungsgange der Dichtung selbst mit Sicherheit entscheiden. Goethes Mephistopheles ist ein Doppelwesen, wie seine Fausttragödie eine Doppeldichtung: er vereinigt zwei heterogene Elemente, die sich zu einander verhalten, wie die beiden Dichtungen: er ist in der ersten ein irdischer, in der zweiten ein satanischer Dämon; dort steht hinter ihm der Erdgeist, hier steht ihm gegenüber der Herr; dort erfüllt er einen Auftrag, hier spielt er auf eigenen Gewinn und Verlust.[1]

Es giebt gewisse Züge, worin die beiden dämonischen Gestalten trotz ihrem verschiedenen Ursprung einander ähnlich sind: überall da, wo der Schelm

---

[1] Siehe oben Cap. IV. S. 107—109, VIII. S. 190 flgd.

und der Schalk hervortritt, die List und der Hohn
des Verberbers. In den Grundzügen sind sie völlig
verschieden. Nehmen wir den Teufel des Prologs
und der Wette, so ist jenes Selbstgespräch: „Verachte nur Vernunft und Wissenschaft" u. s. f. Wort
für Wort nicht bloß unverständlich, sondern unmöglich. Dagegen der irdische Dämon, der vom
Erdgeist ausgeht, der sehr wohl weiß, was Vernunft und Erkenntniß in der Erdenwelt bedeuten,
und wohin ein gereizter und gieriger Weltdurst
treibt, der ist ganz in seiner Rolle, wenn er sich an
das übereilte, von der Vernunft nicht mehr gelenkte
Streben Fausts zu halten denkt, der seinem Drange
die Zügel schießen läßt und schon die abschüssige
Bahn läuft. Mit diesem Faust ist leicht fertig zu
werden, er hat die Vernunft satt, er ist schon gierig;
Mephistopheles wird diese Gier von Genuß zu Genuß hetzen, nie zu Athem kommen lassen, nie erquicken, damit sie nur gereizter und unersättlicher
wird, bis sie im Staube verendet. Diesem Faust
ist der Abgrund sicher auch ohne Führer:

Den schlepp' ich durch das wilde Leben,
Durch flache Unbedeutenheit,
Er soll mir zappeln, starren, kleben,
Und seiner Unersättlichkeit

> Soll Speis' und Trank vor gier'gen Lippen schweben:
> Er wird Erquickung sich umsonst erflehn,
> Und hätt' er sich auch nicht dem Teufel übergeben,
> Er müßte doch zu Grunde gehn!

Aus der Rolle des irdischen Dämons ist jedes dieser Worte einleuchtend, wie es aus der des Satans, der auf Fausts Befriedigung im Genusse der Welt gewettet hat, unmöglich war.

In einer Reihe von Stellen, die sämmtlich in die alte Dichtung gehören, redet Mephistopheles ganz im Sinne des Erdgeistes und gar nicht in dem des Satans. Was der Erdgeist dem Faust in erhabener Kürze zugerufen: „Du gleichst dem Geist, den du begreifst, nicht mir!" wiederholt ihm Mephistopheles, bald warnend, bald spöttisch, mit einschärfender Deutlichkeit, auf kameradschaftliche Art. „Du willst mehr, als du vermagst, du kannst nicht hinaus über dein Maß!" Ist dieses nicht das Thema, welches er in immer neuen Wendungen dem Faust zu hören giebt?

> Setz' dir Perücken auf von Millionen Locken,
> Setz' deinen Fuß auf ellenhohe Socken,
> Du bleibst doch immer, was du bist.

Der einzelne Mensch in der kurzen Spanne seines

Daseins vermag nicht die Welt in ihrer Fülle zu umfassen und zu erleben:

> O glaube mir, der manche tausend Jahre
> An dieser harten Speise kaut,
> Daß von der Wiege bis zur Bahre
> Kein Mensch den alten Sauerteig verdaut!
> Glaub' unser einem, dieses Ganze
> Ist nur für einen Gott gemacht!
> Er findet sich in seinem ew'gen Glanze,
> Uns hat er in die Finsterniß gebracht,
> Und euch taugt einzig Tag und Nacht.

Und was er ihm warnend gesagt, wiederholt er ihm alsbald mit spottender Ironie. In der großen Menschenwelt, in der Mannichfaltigkeit ihrer Charaktere und Lebenszustände können alle menschlichen Eigenschaften und Kräfte beisammen sein und wirken, aber nicht im einzelnen Menschen, der nur ein kleines Ding in der Welt, nicht aber die Welt im Kleinen ist. Daß er ein Inbegriff aller wünschenswerthen Qualitäten sei, kann er sich nur einbilden, vorspiegeln oder von anderen vorphantasiren lassen:

> Associirt euch mit einem Poeten,
> Laßt den Herrn in Gedanken schweifen
> Und alle edlen Qualitäten
> Auf euren Ehren-Scheitel häufen,

> Des Löwen Muth,
> Des Hirsches Schnelligkeit,
> Des Italiäners feurig Blut,
> Des Nordens Dau'rbarkeit.
> Laßt ihn euch das Geheimniß finden,
> Großmuth und Arglist zu verbinden
> Und euch, mit warmen Jugendtrieben,
> Nach einem Plane zu verlieben.
> Möchte selbst solch einen Herren kennen,
> Würd' ihn Herrn Mikrokosmus nennen.

Alle diese Aussprüche sind wunderlich im Munde des Satans, der doch nimmermehr den Faust wird glauben machen wollen, dieses Ganze sei nur für einen Gott gemacht! Dieser Mephistopheles, der dem Faust irdische Vernunft und irdisches Maß förmlich predigt, ist doch nicht derselbe Dämon, der kurz vorher ihm zugerufen hat: „Euch ist kein Maß noch Ziel gesetzt!" Es ist ein großer Unterschied, ob aus dem Mephistopheles der Geist des Bösen redet oder der Geist der Erde! Aus diesen beiden Gestalten ist so wenig ein Charakter zu machen, als aus den beiden Faustdichtungen ein planmäßiges Ganzes. Jetzt sieht man, woher in Mephistopheles jener realistische Grundzug kommt, den man in der Analyse dieses Charakters so nachdrücklich hervorgehoben und in einem Umfange gel=

tend gemacht hat, als ob in Faust der „Idealismus", in Mephistopheles, als dem ergänzenden Gegentheile, dem alter ego des Faust, der „Realismus" repräsentirt sein wolle. Es ist die Vertretung der irdischen Vernunft und des irdischen Maßes, denen Mephistopheles als Bote des Erdgeistes das Wort redet. Innerhalb dieser Charaktersphäre, die auch ihre Schalkheit und ihren satirischen Ausdruck hat und fordert, sind wohl die Züge zu suchen, worin J. H. Merck dem Mephistopheles der alten Dichtung zum Vorbilde gedient haben soll.

3. Der Teufel in der alten Dichtung.

Es ist wahr, daß auch im Fragment, welches den Satan, wie er im Prologe auftritt, nicht kennt, Mephistopheles in einer Reihe von Scenen als „Teufel" bezeichnet wird; aber wenn man die sämmtlichen einschlagenden Stellen näher ansieht, wird man leicht finden, daß hier von keinem Teufel die Rede ist, wie ihn die Volkssage glaubt oder eine höhere Auffassung sinnbildlich nimmt als den personificirten Geist des Bösen. Er ersetzt den Teufel, er spielt und parodirt ihn, er führt bloß seinen Namen, als ob er so heiße. Kein Satan wird von seiner Beute sagen: „Und hätt' er sich auch nicht dem Teufel übergeben, er müßte doch zu Grunde gehn!" Er ist ein Teufel ohne allen Beigeschmack der Hölle, wie ja auch Sathros „der Waldteufel" heißt; er ist es, wie Faust sein eigener Teufel ist und Mephistopheles ihn auch als solchen bezeichnet: „Du bist doch sonst so ziemlich eingeteufelt. Nichts Abgeschmackters find' ich auf der Welt, als einen Teufel, der verzweifelt". Zu dem leibhaftigen Satan könnte Faust doch nimmermehr sagen: „Du wärest Teufel g'nug, mein Glück mir nicht zu gönnen". Wenn Mephistopheles im Gespräch mit dem Schüler im Stillen sagt: „Ich bin des trocknen Tons nun satt, muß wieder recht den Teufel spielen!" so hören wir ja von ihm selbst, daß er ihn spielt.[1]

Die zechenden Studenten in Auerbachs Keller wollen ihn schrauben und merken nicht, wie er sie foppt; sie stimmen guter Dinge in das Flohlied

---

[1] Im „Urfaust" heißt es: „Bin des Professortons nun satt, will wieder einmal den Teufel spielen". Diese Worte bezeichnen noch deutlicher, daß der Teufel eine Rolle ist, die er spielt, indem er sie annimmt oder ablegt.

ein und merken nicht, daß sie selbst unter die Flöhe gehören, auf die das Lied gemünzt ist, unter das zudringliche Geschmeiß, das nach Herzenslust Stiche austheilt, wenn es sich gedeckt fühlt; sie merken das Feuer erst, das ihnen auf den Nägeln brennt. Wenn daher Mephistopheles beim Eintritt in diese Gesellschaft den Frosch rufen hört: „Gieb Acht, ich schraube sie!" und darauf zum Faust sagt: „Den Teufel spürt das Völkchen nie, und wenn er sie beim Kragen hätte!" und am Ende, wie die Gesellen Feuer schreien, sie mit dem Worte verläßt: „Und merkt euch, wie der Teufel spaße!", — so hat man diesen Teufel nicht in der Hölle zu suchen, so wenig als den „Tropfen Fegefeuer", zu dem er sagt: „Sei ruhig, freundlich Element!"

Wenn Mephistopheles im komischen Aerger über die Pfaffenlist, die den Schmuck an sich gerafft hat, ausruft: „Ich möcht' mich gleich dem Teufel übergeben, wenn ich nur selbst kein Teufel wär'!" — wenn er von Frau Marthe sagt: „Die hielte wohl den Teufel selbst beim Wort", und von Gretchen: „Sie fühlt, daß ich ganz sicher ein Genie, vielleicht wohl gar der Teufel bin", — so sieht jedermann, wie er mit der Vorstellung und dem Worte Teufel humoristisch umgeht und spielt. Was man im menschlichen Leben Teufeleien nennt, die schlauen Künste der Verführung, die verderbliche List und ihre Erfolge, den beißenden und boshaften Spott, verkörpert sich in Mephistopheles so geistvoll und so derb, daß Fausts zorniges Wort diese Mischung aus dem feurigen Geist und dem gemeinen Stoff der Erde treffend bezeichnet: „Du Spottgeburt von Dreck und Feuer!" Ist das „ein Theil von jener Kraft, die stets das Böse will und stets das Gute schafft?"

Wenn der Mephistopheles der alten Dichtung aus der Hölle stammte, gleichviel ob als Herr oder als Bote, so könnte in jener Scene auf der Landstraße, wo sie am Crucifix vorübergehen, Faust ihn nicht erst fragen: „Was giebt's, Mephisto, hast du Eile? Was schlägst vorm Kreuz die Augen nieder?"[1]

Man hat mir aus der alten Dichtung, um hier den Teufel optima forma nachzuweisen, die Hexenküche entgegengehalten, wo die Hexe den Mephistopheles als „Junker Satan" willkommen heißt: „Sinn und Verstand verlier' ich schier, seh' ich den

---

[1] Vgl. meine Goethe-Schriften II. Die Erklärungsarten des goetheschen Faust. S. 87—88.

Junker Satan wieder hier!" Man kann noch hinzufügen, daß auch Mephistopheles sich dem Faust gegenüber als Teufel bezeichnet: „Bist mit dem Teufel du und du, und willst dich vor der Flamme scheuen?" Die Einwürfe sind grundlos und verfehlt. Den „Junker Satan" verbittet sich Mephistopheles, im Vollgefühl seiner irdischen Herkunft:

> Den Namen, Weib, verbitt' ich mir!
> Er ist schon lang in's Fabelbuch geschrieben;
> Allein die Menschen sind nichts besser dran,
> Den Bösen sind sie los, die Bösen sind geblieben.
> Du nennst mich Herr Baron, so ist die Sache gut;
> Ich bin ein Cavalier wie andre Cavaliere.
> Du zweifelst nicht an meinem edlen Blut:
> Sieh her, das ist das Wappen, das ich führe!

Der Teufel macht sich über den Satan lustig, der Teufel des Erdgeistes über den der Hölle, und führt als Spottgeburt von Dreck und Feuer das Wappen seiner Herkunft. Goethes Satanologie in seiner ersten und alten Faustdichtung läßt sich gar nicht besser und vorbildlicher kennzeichnen als mit diesen seinen eigenen Worten:

> Du nennst mich Herr Baron, so ist die Sache gut;
> Ich bin ein Cavalier wie andre Cavaliere.

Um aber alle weiteren Erörterungen zu sparen,

so giebt es dafür, daß der Teufel in der Hexenküche vom Erdgeiste herkommt, ein urkundliches und unwidersprechliches Zeugniß. Die Hexenküche und der Monolog „Wald und Höhle" sind bekanntlich zu Rom im Frühjahr 1788 so gut wie gleichzeitig gedichtet; genauer zu reden, ist der Monolog den Scenen in der Hexenküche auf dem Fuße gefolgt, da sich derselbe auf jene zurückbezieht. In diesem Monologe, d. h. in seiner Anrede an den Erdgeist, sagt Faust:

> Du gabst zu dieser Wonne,
> Die mich den Göttern nah und näher bringt,
> Mir den Gefährten, den ich schon nicht mehr entbehren kann,
> Wenn er gleich, kalt und frech,
> Mich vor mir selbst erniedrigt, und zu nichts
> Mit einem Worthauch deine Gaben wandelt;
> Er facht in meiner Brust ein wildes Feuer
> Nach jenem schönen Bild geschäftig an:
> So tauml' ich von Begierde zum Genuß
> Und im Genuß verschmacht' ich nach Begierde.

Sonderbarerweise haben einige Erklärer „jenes schöne Bild" auf Gretchen bezogen und dabei völlig vergessen, daß die Hexenküche im Gange der Handlung zwar der ersten Begegnung zwischen Faust und Gretchen, dagegen in der Entstehung der Dichtung dem Monologe „Wald und Höhle" unmittelbar vorausgeht. Als Goethe die Hexenküche schrieb, lagen die Gretchenscenen hinter ihm in einer Entfernung von vierzehn bis fünfzehn Jahren; sie waren verblaßt, wogegen das Bild der Helena, die er im Zauberspiegel der Hexenküche geschaut hatte, in der allerfrischesten Erinnerung war.

Von Gretchen, wie die Erinnerung an sie in ihm auflodert, sagt Faust:

> Ich bin ihr nah, und wär' ich noch so fern,
> Ich kann sie nie vergessen, nie verlieren;
> Ja, ich beneide schon den Leib des Herrn,
> Wenn ihre Lippen ihn indeß berühren.

Und dieses Gretchen soll Faust kurz vorher nicht anders zu bezeichnen gewußt haben als mit dem Ausdruck „jenes schöne Bild"?

Das wilde Feuer nach jenem schönen Bild hat einen Folgesatz, der genau mit ihm zusammenhängt:

> So tauml' ich von Begierde zu Genuß,
> Und im Genuß verschmacht' ich nach Begierde.

Ob die sonderbaren Erklärer diesen Taumel auch auf Gretchen beziehen, da er doch offenbar die Wirkung des Hexentrankes ist: eben die Wirkung, welche Mephistopheles prophezeit und bezweckt hat?

Kein Zweifel, daß der Mephistopheles der Hexenküche vom Erdgeiste herkommt und Teufel ist im Sinne der alten Dichtung. Auch daß er dem Faust zuerst in thierischer Gestalt erscheint, paßt zu seiner irdischen Proteusnatur und zu dem Herrn des Erdreichs, der ihn sendet, besser als zum Satan, obwohl die Sage erzählt, ein Höllengeist habe den Faust in Hundsgestalt begleitet. Goethe ließ diese Gestalt vom Erdgeiste ausgehen, wie aus jener Scene erhellt, in der Faust ruft: „Wandle ihn, du unendlicher Geist, wandle den Wurm wieder in seine Hundsgestalt, wie er sich oft nächtlicher Weise gefiel, vor mir herzutrotten, dem harmlosen Wanderer vor die Füße zu kollern und sich dem niederstürzenden auf die Schultern zu hängen! Wandl' ihn wieder in seine Lieblingsbildung!" Und die Abhängigkeit vom Erdgeist bei Seite gesetzt, wird hier kein Satan charakterisirt, sondern die Art eines jener neckischen und tückischen Kobolde, wie sie die Sage von den Elementargeistern schildert.

II. Die Sendung des Erdgeistes.

1. Der Osterspaziergang.

Es war in der ursprünglichen Dichtung beschlossen, daß Mephistopheles dem Faust durch den

Erdgeist zugesellt werden, in dämonischer Thiergestalt begegnen und zum Begleiter dienen sollte. Die Darstellung dieses Zusammentreffens und der ersten Erscheinungsart des Dämons bildet den Schluß der Scenen „Vor dem Thor", deren Conception noch zur alten Dichtung gehört und deren begonnene Ausführung in den letzten Sommer der frankfurter Jugendzeit fällt, wie uns jener Brief an die Gräfin A. Stolberg vom 3. August 1775 erkennen ließ.[1]

Die Sendung des Mephistopheles durch den Erdgeist ist eine mittelbare oder indirecte Erscheinung des Erdgeistes selbst. Ich muß mich näher so ausdrücken: daß in unserer Dichtung die erste Erscheinung des Erdgeistes zwar die einzige unmittelbare ist und bleibt, dagegen die Nähe desselben Faust zum zweiten male auf dem Osterspaziergange erlebt in einer magischen Stimmung, die uns der Dichter ebenso herrlich und gewaltig geschildert hat, als jenes mächtige Seelenflehen, wodurch er den Erdgeist bewegt und angezogen hatte. Dies ist die Scene, welche ich hervorheben will.[2]

---

[1] S. oben Buch II. Cap. I. S. 34—38.
[2] S. ebendas. Cap. VIII. S. 195.

Der Anblick der idyllischen Frühlingswelt hat den Aufruhr seiner Empfindungen beschwichtigt und die Schwermuth des Studirzimmers verscheucht. Die Erinnerung an die furchtbare Pest und den unverdienten Dank für eine Hülfe, die keine war, vielmehr durch die Geheimmittel einer abergläubischen Magie nur getäuscht und geschadet hat, weckt von neuem die schwermüthigen Gefühle:

> O glücklich, wer noch hoffen kann,
> Aus diesem Meer des Irrthums aufzutauchen!
> Was man nicht weiß, das eben brauchte man,
> Und was man weiß, kann man nicht brauchen.

Aber dieser Seelendruck weicht dem erhebenden Anblick der untergehenden Sonne. Wir sind an die Worte erinnert, womit der Dichter im Vorspiel seine Zauberkraft schildert: „Wer läßt das Abendroth im ernsten Sinne glühn?" Hier erlebt Faust diese magische Stimmung:

> Doch laß uns dieser Stunde schönes Gut
> Durch solchen Trübsinn nicht verkümmern!
> Betrachte, wie in Abendsonne-Gluth
> Die grünumgebnen Hütten schimmern.
> Sie rückt und weicht, der Tag ist überlebt,
> Dort eilt sie hin und fördert neues Leben.

Jener Weltdurst, der das Leben der Erde in

aller seiner Mannichfaltigkeit und Größe mit einem male erblicken möchte, erwacht von neuem in voller Stärke:

> O daß kein Flügel mich vom Boden hebt,
> Ihr nach und immer nach zu streben!
> Ich säh' im ewigen Abendstrahl
> Die stille Welt zu meinen Füßen,
> Entzündet alle Höhn, beruhigt jedes Thal,
> Den Silberbach in goldene Ströme fließen.
> Nicht hemmte dann den göttergleichen Lauf
> Der wilde Berg mit allen seinen Schluchten;
> Schon thut das Meer sich mit erwärmten Buchten
> Vor den erstaunten Augen auf.

Sein Geistesblick fliegt hinaus über die Erdenschranken und folgt der Sonnenbahn und dem Lichte:

> Doch scheint die Göttin endlich wegzusinken;
> Allein der neue Trieb erwacht,
> Ich eile fort, ihr ew'ges Licht zu trinken,
> Vor mir den Tag und hinter mir die Nacht,
> Den Himmel über mir und unter mir die Wellen.
> Ein schöner Traum, indessen sie entweicht!
> Ach! zu des Geistes Flügeln wird so leicht
> Kein körperlicher Flügel sich gesellen.

Es ist die Sehnsucht in die unermeßliche Ferne, die ihn wie Heimweh ergreift und mit der magischen Seelenkraft redet. Wie oft hatte Goethe diese Empfindung erlebt, bevor sie in vollendeter Gestalt hier an dieser wunderbaren Stelle überging in seinen Faust! Sie stammt aus der Wertherzeit, aus den Eindrücken der ersten Schweizerreise, welche die Wertherbriefe aus der Schweiz schildern. Man kann in der Seele des Dichters das Fortleben dieser Empfindung bis in die Naturbilder und den wörtlichen Ausdruck hinein verfolgen und sehen, wie sie die Form gewinnt, worin sie jetzt in unserem Gedichte hervortritt. „Wie oft habe ich mich", schreibt Werther, „mit Fittigen eines Kranichs, der über mich hinflog, zu dem Ufer des ungemessenen Meeres gesehnt, aus dem schäumenden Becher des Unendlichen jene schwellende Lebenswonne zu trinken und nur einen Augenblick in der einge=schränkten Kraft meines Busens einen Tropfen der Seligkeit des Wesens zu fühlen, das alles in sich und durch sich hervorbringt." Und in den Schweizer=briefen: „Wir fühlen die Ahnung körperlicher Anlagen, auf deren Entwickelung wir in diesem Leben Verzicht thun müssen: so ist es ganz gewiß mit dem Fliegen. So wie mich sonst die Wolken schon reizten, mit ihnen fort in fremde Länder zu ziehen, wenn sie hoch über meinem Haupte hinweg=

zogen, so steh' ich jetzt oft in Gefahr, daß sie mich von einer Felsenspitze mitnehmen, wenn sie an mir vorbeiziehen. Welche Begierde fühl' ich, mich in den unendlichen Luftraum zu stürzen, über den schauerlichen Abgründen zu schweben und mich auf einen unzugänglichen Felsen niederzulassen. Mit welchem Verlangen hol' ich tiefer und tiefer Athem, wenn der Adler in dunkler, blauer Tiefe unter mir, über Felsen und Wälder schwebt und in Gesellschaft eines Weibchens um den Gipfel, dem er seinen Horst und seine Jungen anvertraut hat, große Kreise in sanfter Eintracht zieht."[1] Hier ist dieselbe Empfindung, versenkt in dieselben großartigen Bilder, ohne alles störende Beiwerk, emporgehoben und frei, bewältigt und überwältigend:

> Doch ist es jedem eingeboren,
> Daß sein Gefühl hinauf und vorwärts bringt,
> Wenn über uns im blauen Raum verloren,
> Ihr schmetternd Lied die Lerche singt,
> Wenn über schroffen Fichtenhöhen
> Der Adler ausgebreitet schwebt,
> Und über Flächen, über Seen,
> Der Kranich nach der Heimath strebt.

Er hat das Gefühl, daß auch der gestillte Welt-

---

[1] Leiden des jungen Werther. S. W. Bd. XIV. S. 46. Briefe aus der Schweiz. Abth. I. Ebendas. S. 118.

durst den Drang, der sein Innerstes bewegt, nie
völlig befriedigen wird, denn in ihm waltet ein
Trieb, der sich über die Sinnenwelt hinausschwingt;
er möchte aus dem „schäumenden Becher des Un=
endlichen schwellende Lebenswonne trinken, einen
Tropfen der Seligkeit des Wesens fühlen, das alles
in sich und durch sich hervorbringt". Diese Sehn=
sucht, die den Werther erfüllt, gewinnt im Faust
ihren vollendeten Ausdruck. Er sagt zu Wagner:

> Du bist dir nur des einen Triebs bewußt,
> O lerne nie den andern kennen.
> Zwei Seelen wohnen, ach! in meiner Brust,
> Die eine will sich von der andern trennen;
> Die eine hält in derber Liebeslust
> Sich an die Welt mit klammernden Organen;
> Die andre hebt gewaltsam sich vom Duft
> Zu den Gefilden hoher Ahnen.[1]

Aber der Weg zu diesem Ziele geht durch die
Welt, er muß sie erleben. Könnte er sie im
Fluge durchleben, nicht mit klammernden Or=
ganen, sondern beschwingten Laufes mit Fittigen!

> O giebt es Geister in der Luft,
> Die zwischen Erd' und Himmel herrschend weben,

---

[1] Welches dieser eine Trieb ist, den Wagner mit Faust
gemein hat, ist, soviel ich sehe, noch von keinem Commen=
tator bemerkt, geschweige erklärt worden.

So steiget nieder aus dem goldnen Duft
Und führt mich weg zu neuem buntem Leben!
Ja, wäre nur ein Zaubermantel mein!
Und trüg' er mich in fremde Länder,
Mir sollt' er um die köstlichsten Gewänder,
Nicht feil um einen Königsmantel sein.

2. Die Erscheinung des Dämons.

Dies ist von neuem und in erhöhter Gewalt der Seele Ruf, das mächtige Flehen, welches den Erdgeist bewegt, den Gewaltigen am sausenden Webstuhl der Zeit, dem die Elementargeister dienen. Fausts Stimmung ist wieder in jenem Aufruhr, der in die Worte ausbrach: „Ich fühle ganz mein Herz dir hingegeben, du mußt! du mußt!" Der Erdgeist neigt sich ihm zum zweiten male, er erscheint nicht unmittelbar, er sendet ihm ein Zeichen, und Faust fühlt, daß eine geheimnißvolle Macht sich ihm nähert. Sein nächstes Wort heißt:

Siehst du den schwarzen Hund durch Saat und Stoppel
streifen?

— — —

Bemerkst du, wie in weitem Schneckenkreise
Er um uns her und immer näher jagt?
Und irr' ich nicht, so zieht ein Feuerstrudel
Auf seinen Pfaden hinterdrein,

— — —

Mir scheint es, daß er magisch leise Schlingen
Zu künft'gem Band um unf're Füße zieht.

— — — — — — —

Der Kreis wird eng, schon ist er nah!

3. Die Beschwörung.

Der Erdgeist hat ihn erhört, er ist durch seinen Boten in dämonischer Thiergestalt eingetreten in Fausts Lebenskreis! Nach der alten Dichtung sollte ein irdischer Dämon, nach der neuen ein Höllengeist aus dieser Puppengestalt hervorgehen. An dem Scheidewege beider Dichtungen steht die Beschwörung. Faust beschwört zuerst den Elementargeist, den die alte Dichtung im Sinn hatte, er ruft die Dämonen der vier Elemente:

Erst zu begegnen dem Thiere
Brauch' ich den Spruch der Viere:
   Salamander soll glühen,
   Undene sich winden,
   Sylphe verschwinden,
   Kobold sich mühen.
Wer sie nicht kennte
Die Elemente,
Ihre Kraft
Und Eigenschaft,
Wäre kein Meister
Ueber die Geister.

Er wiederholt dieselbe Beschwörung in stärkerer Form. Der Dämon bleibt unbewegt. „Keines der Viere steckt in dem Thiere." Die alte Dichtung verstummt. In der dritten und stärksten Beschwörung redet die neue:

> Bist du, Geselle,
> Ein Flüchtling der Hölle?
> So sieh dies Zeichen!
> Dem sie sich beugen
> Die schwarzen Schaaren.

Jetzt rührt sich der Dämon, und es erscheint der Versucher, wie ihn die neue Dichtung bedarf und der Prolog einführt.

III. Die Einheit der Fausttragödie.

Dieser Prolog der gesammten Fausttragödie enthält einen Plan, mit welchem die Grundzüge der ältesten Dichtung nicht übereinstimmen. Die planmäßige Einheit beherrscht die Dichtung seit 1797: die neue, die den bei weitem größten Theil des Ganzen ausmacht, während das Fragment kleiner ist als der fünfte. Und da, abgesehen von den widerstreitenden Grundzügen, auch die älteste Dichtung Theile enthält, die sich mit der neuen sehr wohl verknüpfen lassen, wenn auch nicht durch einen absichtsvollen Zusammenhang, so vermindert sich der Mangel einer architektonischen Einheit.

Denn es giebt in unserer Dichtung noch eine Einheit anderer Art, die zwar nicht so künstlerisch ist, als die eines durchdachten Planes, aber bei weitem lebendiger. Warum nennt man unseren Faust eigentlich Goethes Lebensgedicht, das Abbild des Dichters in verschiedenen Lebensepochen, die sich durch zwei Menschenalter erstrecken? Hat dieses Wort Sinn und Bedeutung, so hat das Gerede von der planmäßigen Einheit dieses Werkes keine: ich meine den absichtsvollen Zusammenhang zwischen seiner früheren und späteren Faustdichtung. War er selbst von vornherein nicht mit und über sich im Klaren, warum sollte es die Conception seines Faust gewesen sein, wenn dieser Faust doch sein Abbild nach dem Leben war? Wenn seine titanischen Ideen einer ernsten Epoche vorspukten, wie hätte die gewaltigste Dichtung, welche aus dem Sturm und der Gährung jener Ideen hervorging, schon die Lebensanschauungen planmäßig enthalten können, die erst allmählig in dieser ernsten Epoche reiften und die neue Faustdichtung durchdrangen?

Es giebt im Leben des Dichters keine Epoche, die zwischen seiner Vergangenheit und Zukunft eine so schicksalsvolle Grenzscheide bildet, als der Zeitpunkt, welcher die frankfurter Periode schließt und die weimarische eröffnet. Die titanischen Wege waren ausgelebt, durchlaufen und führten nicht weiter; ihr Ideenkreis war erschöpft, der Prometheus und Satyros wurden abgebrochen, auch der Faust, welchen Goethe selbst als den dritten in diesem Bunde bezeichnet; jene beiden wären fast der Vergessenheit anheimgefallen, der Satyros blieb über vierzig Jahre ungedruckt, der Prometheus lief Gefahr, ganz verloren zu gehen, er wurde nach langen Jahren in der Ferne wiedergefunden und erschien erst kurz vor dem Tode des Dichters. Weit gewaltiger und genialer als beide, volksthümlicher, erlebter, dem Genius unseres Dichters verwandter war der Faust, von dem, wie von keiner anderen seiner dichterischen Geburten, das Wort aus der Werkstätte seines Prometheus gilt: „Hier sitz' ich, forme Menschen nach meinem Bilde, ein Geschlecht, das mir gleich sei!"

Unter allen diesen Abbildern war dieser Faust das einzige, welches mit ihm fortlebte und, als das

Original aufgehört hatte, ihm zu gleichen, wiederbelebt und fortgestaltet wurde. Dieser Faust, wie er aus der Prometheuswerkstätte in Frankfurt hervorging, trug gleich seinem Dichter eine große, ihm unbekannte, keineswegs planmäßige Zukunft in sich. Das Gefühl, womit Goethe seine Heimath für immer verließ und einer Zukunft entgegenging, die dunkel vor ihm lag, redet in den gleichzeitigen Worten seines Egmont: „Wie von unsichtbaren Geistern gepeitscht, gehen die Sonnenpferde der Zeit mit unseres Schicksals leichtem Wagen durch, und uns bleibt nichts, als, muthig gefaßt, die Zügel festzuhalten und bald rechts, bald links vom Steine hier, vom Sturze da die Räder wegzulenken. Wohin es geht, wer weiß es? Erinnert er sich doch kaum, woher er kam."

Die erste Dichtung des Faust hatte etwas von der tragischen Fahrt des Phaëton. Damals wußte der Dichter nicht, wie ihm zu Muth sein werde, wenn er die apollinische Höhe seines Genius und seiner Kunst erreicht haben und nach vielen Jahren seinen Faust wiederbeleben und dessen Weltfahrt erneuern werde. Nur eines war sicher: er wird ihn wieder nach seinem Bilde gestalten, das nun mit der Art und den Schicksalen des Phaëthon nichts mehr gemein hat.

Daß Goethe die eigene Lebensfülle wie einen ungestümen Feuerstrom in seine jugendliche Faustdichtung ergossen und in ihrem Helden so viel unverbrauchte, von keinem tragischen Schicksale zu erschöpfende, darum zukunftsvolle Kraft niedergelegt hatte, verlieh seinem Faust jenen hinreißenden Eindruck, der seit dem Fragment durch ein Jahrhundert fortgewirkt, von Geschlecht zu Geschlecht sich verstärkt und besonders die zukunftsvollen Gemüther magisch getroffen hat. Einen solchen Menschen zu schaffen, vermochte keine planvolle Idee, nur der lebensvollste, geniale, von der Gewalt des dunklen Dranges bewegte Erguß.

Goethe selbst wußte sehr wohl, daß von dieser Art des Ursprungs die Macht der Wirkung herrührte. Er selbst erklärte sie daraus. Wenn er die beiden Theile seines Werks einander entgegensetzte, während sie doch durch die Wette planmäßig verknüpft waren, so meinte er die frühere und spätere Dichtung. „Der Faust ist doch ganz etwas Incommensurables", sagte er zu Eckermann, „auch muß man bedenken, daß der erste Theil aus einem dunteln Zustande des Individuums hervorgegangen; aber eben dieses Dunkel reizt die Menschen." „Der erste Theil ist fast ganz subjectiv, es ist alles aus einem befangeneren, leidenschaftlicheren Individuum hervorgegangen, welches Halbdunkel dem Menschen auch so wohlthun mag." Diese Aeußerungen stammen aus Goethes letzten Tagen.

In den beiden Haupt- und Grundfragen der Faustkritik handelt es sich um die planmäßige Einheit des Ganzen und darnach um die Einheit in der Herkunft und im Wesen des Mephistopheles.

Nachdem Goethe die alte und die neue Dichtung mit einander verschmolzen hatte, was im Beginn des neunzehnten Jahrhunderts geschehen war, so hat er über die Einheit des Ganzen in aller Stille ein verschwiegenes Zeugniß sich selbst abgelegt und in seinem Nachlasse aufbewahrt, woraus dasselbe erst nach der Eröffnung des Archivs zur Veröffentlichung gelangt ist. Im Gegensatze zum „Vorspiel auf dem Theater", welches die Ankündigung der Fausttragödie enthielt, heißt es „Abkündigung" und besteht in einer Stanze, deren zweite Hälfte so lautet:

Des Menschen Leben ist ein ähnliches Gedicht,
Es hat wohl seinen Anfang, hat sein Ende,

Allein ein Ganzes ist es nicht.
Ihr Herren, seid so gut und klatscht nun in die Hände.[1]

Was aber die Herkunft und das Wesen des Mephistopheles betrifft, der nach den Faust-Unitariern „Teufel von Anfang an" und „Teufel durch und durch" sein soll, so hat Goethe seinem Mephistopheles ein Selbstzeugniß in den Mund gelegt, welches unter die „Paralipomena" gerathen ist, weil es unter seinen classischen Selbstdefinitionen keinen rechten Platz mehr finden konnte. Dieses sechste Paralipomenon lautet:

> Mich darf niemand auf's Gewissen fragen,
> Ich schäme mich oft meines Geschlechts,
> Sie meinen, wenn sie Teufel sagen,
> So sagen sie was rechts.[2]

---

[1] Goethe-Jahrbuch IX (1888). S. 5 und 6 (Erich Schmidt). Vgl. O. Pniower: Goethes Faust. S. 70. — [2] Werke XIV. S. 288.